教育行政革新

林天祐　著

作者簡介

林天祐

籍貫<<台灣省高雄縣人

現職<<台北市立師範學院教授

學歷<<

美國加州大學聖塔芭芭拉校區博士後研究

美國紐約州立大學水牛城校區教育行政學博士

美國紐約州立大學水牛城校區教育碩士

國立台灣師範大學教育學士

經歷<<

台北市立師範學院副教授、助教

台北市政府教育局專員、股長、科員

台北縣立福和國中教師

著作<<

教育政策執行的變異現象研究（1997）高雄市：復文書局。

另已發表之教育論文十餘篇、主持或參與之專案研究報告十

餘本。

作者序

　　我國近年來持續推動教育改革方案，從民國八十三年成立行政院教育改革審議委員會、八十四年公布第一本教育白皮書，到八十五年行政院教育改革委員會提出教育改革總諮議報告書、八十六年行政院成立教育改革推動小組，最後於八十七年經行政院核定「教育改革行動方案」，計畫於五年內動支一千五百億推動教育改革，以開啓我國教育新紀元。

　　教育改革以「邁向學習社會」爲主軸，改革項目包括觀念與態度、課程與教學、組織與制度、環境與設備等四大方面，期能整體革新教育體系。作者在研究所開設教育政策分析、教育品質管理等課程，對於當前教育改革方案極爲關注，除將相關主題融入課程當中，並相繼在期刊雜誌及研討會中發表研究所得，尤以理念、政策、制度及組織革新等教育行政方面之著墨最多。

　　本書係作者將近兩年有關教育行政革新之論述加以整理而成，計分理念、政策、制度、組織等四篇，分別探討教育行政革新理念、革新政策、制度革新、組織革新等問題，以符「理念革

新引導政策革新，政策革新指引制度及組織革新」的思維。

　　本書之完成，一方面希望能提供教育工作夥伴教育研究及實務上之參考，另一方面在自我砥礪期能持續專業成長。各篇論述思慮不周之處，懇請各位師長、學者專家及教育夥伴不吝指正。

林　天　祐　謹識

1999 年 6 月

目　次

理念篇

革新理念

教育改革的理念、課題與策略

壹▷►前言──掌握教育改革的契機

　　教育改革是促進教育發展與進步的動力，世界先進國家為提升教育品質，無不致力於教育改革工作。我國亦不例外，教育改革已經成為政府和民間共同努力的重要課題。

　　所謂「教育改革」是指教育體系因應主客觀環境的需求，主動或被動產生、接受、執行新的教育觀念、教育內容、教育過程，以改進教育現狀的整體教育成效之理論與實際作為。

　　部分教育改革來自於教育體系本身之反省，在檢討內部條件及實際表現之缺失，同時分析外在及未來環境的需求之後，提出整體性、全面性和前瞻性的規畫藍圖，以引領教育體系持續改進。但也有部分的教育改革是在受到外在壓力之後，經過檢討與評估，進行被動式的調整，以回應外界的期望與要求。

不管是教育內部本身的反省或外在的壓力，處在人類社會即將進入二十一世紀之時，教育改革已經勢在必行。尤其未來的社會、文化、政治和經濟的環境將比以往更為複雜和多元；加上我國已由農業社會走到工業社會，慢慢走向資訊社會，更帶給教育相當大的衝擊和挑戰，整個教育結構產生很大的質變和量變。不可否認地，在整個教育發展過程中，教育本身也出現一些待決的問題，這些問題如果未能妥為處理，將會深深影響到當前教育績效和未來教育的健全發展。為了謀求當前問題的解決，因應社會的急遽變遷，以及迎接新世紀的來臨，重新構思未來教育發展之路，可謂當務之急。因此，教育改革實屬刻不容緩之事。

貳 ▷ ► 教育改革的重要概念

一、教育改革的目的

　　教育改革包括理論的指引，以及實務的驗證，兩者可互為先後。如從理論出發，新的觀念引導教育學術的研究，並將其印證於教育實務上，以建立本土化的可行策略。如從實務出發，新的教育策略經有系統的歸納與整理，發展出普遍性的原理原則，可應用於相關的教育領域及地區。不論是以理論或實務為出發點，教育改革須經過一段漫長的「修正—再修正」的過程，方能可行、有效。

教育改革的理論與實施，是一個多元向度的組合，不僅兼具主動及被動的特性，同時包括產生、接受、執行三個階段，以及教育觀念、教育內容、教育過程三項內涵。首先，教育改革之初要產生新的教育觀念，依據新的觀念規畫新的教育內容及教育過程；其次，所產生的新的教育觀念、教育內容、教育過程，要能被教育體系的相關成員所接受；最後，所有教育體系相關成員在正確了解新的教育觀念、教育內容及教育過程之後，在時間、資源以及能力等條件的配合之下，落實執行。執行的結果，能有效達成改進教育觀念、教育內容、教育過程以及教育成效。

因此，整體而言，教育改革的目的在於透過修正或取代現行教育觀念、教育內容及教育過程，促進各級學校更有效地達成教育目標，以提高教育成效；亦即使學校教育更能有效地激發學生潛能，以享完美的個人及社會生活，進而促進國家社會的整體發展。

進一步來說，教育改革的結果一定要明顯地比現狀好。如果教育改革的結果，對於教育現狀的改進於事無補，或對於部分現狀有所改進但卻引發其它更多的負面效果，甚或比教育現狀更差，則不如不改。

此外，教育改革是國家整體社會改革的一環，教育改革固然目的在直接改進教育現狀，提升個人潛能充分發展之機會，間接的目的也在促進社會的進步。因此，教育改革的社會性目的，在於引導、配合或影響社會改革，但是教育改革絕非社會改革的全部。

二、教育改革的指標

指標是衡量目的之具體項目，也是管控目的達成程度的重要依據。教育改革工程包括改革規畫、改革過程以及改革結果三個階段，因此，完整的教育改革指標也包括規畫、過程及結果三部分。規畫階段指標包括前瞻和系統；過程階段指標包括系統、有效和動態；結果階段指標包括動態和卓越。

(一) 前瞻

前瞻是規畫階段之重要指標，係指教育改革計畫與國內外教育潮流及社會發展趨勢契合的程度。前瞻性的改革計畫指出未來的努力方向，並透過具體的改革步驟及目標，引導所有教育人員逐步往改革的境地邁進。前瞻性的改革來自於教育內外在環境以及未來發展趨勢之客觀分析，以及個人的主觀性洞察。

(二) 系統

系統是規畫階段以及過程階段之重要指標，係指整體、團隊參與教育改革規畫、執行的程度。教育系統組織龐大，則各層級以及各單位之間相互依賴、相互影響，也與其它社會系統息息相關，在規畫階段必須進行整體評估並建立共同願景，以免顧此失

彼；在執行階段必須依靠團隊合作精神，才能發揮整體的力量。系統性是建立在統整的改革架構、全員參與以及績效責任的機制之上。

(三) 有效

有效是過程階段的重要指標，係指執行人員及單位正確、有效執行教育改革工作的程度。所謂徒法不足以自行，完美的教改計畫，最後必須落實在執行層面上，如果執行錯誤或執行偏差，再完美的計畫也是枉然。有效性的高低與執行單位及人員的認知程度、認同程度及執行能力密切關聯。

(四) 動態

動態是過程階段以及結果階段的重要指標，係指教育改革執行過程以及執行結果階段，容許有限變異、控制可控制變異以及持續進行改革的程度。由於各單位的主客觀條件不同，在執行的過程與結果方面全面要求一致是不智的也是不可行的，應在控制可控制變異的原則之下，容許彈性的空間。另外，前瞻性的教育改革是一個長期性的改革工程，惟有持之以恆，不斷革新，才能畢竟全功。

(五) 卓越

　　卓越是結果階段的另一個重要指標，係指教育改革的結果及教育成效超越教育現狀的程度。卓越性包括兩個重要次指標，其一是超越現行教育實施成效的多寡，第二是與教育先進國家並駕齊驅甚或超越之情形，最終理想在於建立具有本國特色之國際級教育體系。及時並正確掌握國內外教育發展狀況，是建立卓越性指標的重要依據。

　　這五項指標是規畫及執行教育改革的過程當中，必須同時兼顧的重要事項。

三、教育改革的動力

　　教育改革通常歷經萌芽、倡導、經營及執行四個階段，每一階段的產生均源自於特定的推動力量。

　　在萌芽階段，重大災害、外在環境的改變及內部環境的失衡，是三個最主要的推動力量。地層下陷、洪水氾濫、校園暴亂等重大災害，因危及教育設施及教育活動，教育改革之意念隨之而起。教育外在環境如科技的快速發展、外來價值觀的引進、人口結構的巨大改變，也是導致民心思變的重要因素。教育系統內相關單位或人員生態的改變、價值觀的歧異及期望的落差，引起明顯的內部失衡，重新解構與建構便成為尋求再次平衡的重要途

徑。

　　在倡導階段，教育改革的呼聲四起，主政者、社會菁英份子、利益團體代表扮演重要推動者的角色。主政者為肩負起政府及人民賦予的重責大任，積極倡導教育改革的必要性及興革事項；社會菁英份子本於知識良知，勇於表達個人見解並對政府提出改革的期望；利益團體也基於本身或社會大眾之利益，推出代表陳述己見。其餘社會大眾通常保持一貫沉默的態度，漠然旁觀。主政者與社會菁英份子、利益團體立場不同、各有所本，因此常生歧見，但在互相修正之後逐漸達成共識。

　　在經營階段，教育改革議題已獲致共識，主政者必須系統規畫可行藍圖，以利實施。在此階段，以教育體系為主幹的理論界與實務工作者，為最主要的推動者。在結合理論與實務下，發展出教育改革藍圖，並聽取各界尤其是基層教師的意見進行修正。

　　在執行階段，基層學校教師、行政人員以及學生家長是最大的動力來源。教育改革的最終成果見之於學生身上，而與學生學習關係最直接的莫過於學校教師。教師教育觀念的改變、教材選編能力的精進及教學方法的改進，就是教育改革成功的最佳保證。學校行政人員與學生家長是教師最重要也是最直接的支持與回饋系統，行政人員與家長的積極參與，是落實實施教改計畫的重要動力。

　　在教育改革的不同階段，影響成敗的因素各異。如何啟動並強化各個階段的動力系統，是一個極為重要的課題。

四、教育改革的類型

　　教育改革的類型，歸納之約可從性質、過程、範圍、方向、作法、方式等六個方面來區分。

　　從性質來看，教育改革可區分為外制性改革、臨機性改革及本質性改革。外制性改革源自於教育系統本身為因應外在環境改變之需，所進行的計畫性變革；臨機性改革則是為解決臨時發生的問題，所採取的立即、短暫性變革反應；本質性改革來自於教育系統本身所有部門及成員不斷主動反省、修正、創新的過程，是一個長期、持續不斷的改革歷程。外制性及臨機性的改革又稱為被動式的改革或問題解決型改革，本質性的改革又稱為主動性的改革或規畫型改革。

　　從過程來看，教育改革可區分為由上而下、由下而上的改革兩類。由上而下的改革是指由政府當局進行規畫之後，交由學校執行的改革模式；由下而上的改革則指由民間或學校基層教師發起，經政府接納採行之改革模式。

　　從範圍來看，教育改革可區分為局部性的改革和整體性的改革兩類。局部性的改革限於某些地區或某些教育領域內規畫實施；整體性改革則以全國地區以及整體教育系統為規畫實施範圍。

　　從方向來看，教育改革可區分為垂直式改革及水平式改革兩類。垂直式改革同時考慮「中央—地方—學校」之間，或「高

等—中等—初等—幼兒」之間的關聯；水平式改革同時顧及「班級—班級」之間，或「學校—學校」之間，或「縣市—縣市」之間，或「地區—地區」之間的關聯。

從作法來看，教育改革可區分爲實證理性、規範教化和權力驅使三類。實證理性的改革以個人或團體的合理利益爲出發；規範教化的改革以改變人員的態度、價值觀、基本能力爲優先；權力驅使的改革旨在透過政治、社會或經濟制裁的手段，改變個人或團體的行爲。

從方式來看，教育改革可區分爲漸進式改革和急進式改革兩類。漸進式改革以教育現狀爲基礎，逐步進行長期的改變；急進式的改革將教育現狀全數打破，另起爐灶進行重建。

教育改革通常融合多種類型的改革型態，並隨著改革目標、改革課題、社會背景、組織特性及人員條件的不同，所採取的教育改革類型也就不同。但是一般來說，重大的教育改革計畫通常強調本質性、由上而下、整體性、兼顧垂直及水平、規範教化、漸進式的改革，目的在透過主政者的整體規畫，進行長期性的變革，並促使教育體系轉型爲持續改進的有機體，不斷提升教育品質，促進個人及社會國家的永續發展。

參 ▷► 教育改革的基本理念

教育改革的理論基礎主要可包括哲學、社會學、心理學及行

政學等知識。因此，教育改革的基本理念可從哲學、社會學、心理學及行政學等方面來分析。

一、哲學方面

價值規範行動，也引導計畫，教育改革在目的、過程、結果等三個領域，牽涉到價值的問題。

(一) 教育改革是價值判斷的結果

教育改革的願景是教改藍圖的依歸，改革願景以及依據願景發展出來的改革目標方向是否正確，是一個價值判斷的問題。當願景及目標歧異無法獲致共識，或無法獲得認可，就冒然進行，教育改革只是為改革而改革，就失去了真正的目的性；當願景及目標已獲共識，教育改革才得以遂行。在價值判斷的過程必須確定：(1)改革願景及目標應以國家社會為主體？或以教育知識為主體？或以教師為主體？或以學生為主體？(2)何人負責判斷？少數人或多數人？局內人或局外人？上層人員或基層人員？(3)如何進行判斷？公開討論或秘密討論？這些問題都會影響教育改革方向、過程及結果。

(二) 教育改革是價值重塑的過程

在民主社會中，教育改革的理念反映社會的價值觀，當社會價值觀改變，是非善惡的標準亦隨之調整，過去的「是」在今日可能為「非」，過去的「善」在今日可能為「惡」。教育價值觀是社會價值體系的一環，因此教育改革的過程必然牽涉價值觀的改變。首先，要把相當穩定的價值觀局部打破，其次在既有的基礎上引導建立新的價值觀，最後形成另一個相當穩定的價值體系，此一價值體系為判定教育良窳的新基準。價值重塑由於牽連甚廣，因此是一件耗時費力的工程，而且在重塑的過程當中大多數人不易察覺，但在經過一段時日之後再回顧，則清楚可見。在價值重塑的過程中必須考慮：(1)如何促動失衡而不失律？(2)如何廣泛而有效地進行重塑？(3)如何確定價值重塑成功？

(三) 教育改革是一種規範性的行動

規範是行動的準則，規範的建立是確保教育改革執行成效之重要機制。教育改革是一項集合多元組織、多種人員以進行多層面的改進工程，因此，必須透過規範機制的建立，以確保教育工作的遂行。一方面要明確規定教育改革的作法，另一方面要隨時矯正執行的偏差。在規範行動方面，必須考慮：(1)規範機制的組織層級為何？(2)規範機制的實施頻率為何？

二、社會學方面

社會是一個持續變遷的場所，在社會體系中透過有計畫的改革，可以增進社會流動、遂行社會正義、促進社會進步。教育改革是社會改革之一環，教育改革與社會變遷、社會流動、社會正義、社會進步密不可分。

(一) 教育改革在因應社會變遷

教育體系是社會體系的一部分，教育體系自須因應社會變遷而作調整。另外，社會進步的結果，物質、技術及制度的革新，提供教育活動更多可用的資源，教育體系也須相對調整。如果社會變動不大，而且教育體系及時因應，則教育改革成為例行教育活動的一環；如果社會變動不大，但是教育體系長期未因應調整，則結構性的教育改革措施乃成必須；如果社會變動快速，教育體系因應不及，則系統性的教育改革活動也為必要。因此，社會變遷的結果造成教育體系與其它社會體系之間明顯的緊張狀態時，教育體系必須進行改革以求舒緩。從社會變遷的觀點，教育改革在因應社會變遷，不斷地進行體系的重組。社會變遷的趨勢為何？以及教育如何及時因應？為教育改革的重要課題。

(二) 教育改革在增進社會流動

在傳統的封閉社會中，教育在維護統治階級的利益，並經社會化的過程，確保社會的穩定性；在民主開放的現代社會中，教育在維護全民的利益，並透過教育的過程發展個人的潛能、培養從事社會生活的知能。由於社會的進步及工作職位的增加，牽動了相關人員的流動，教育必須因應變革，負起培養個人相關能力之責任，使其具備新的工作職位所需的能力。據此，教育改革在增進社會的流動，以滿足個人及社會的需求。但是在高度經濟發展的社會中，向上及向下社會流動趨於和緩，水平流動及回游性流動相對增加，如何兼顧上下、水平及回游性流動的現況？是規畫及執行教育改革過程中必須注意的。

(三) 教育改革在符應社會正義

在多元開放的社會中，首重公平、正義原則。換言之，每一個人或群體在社會中，不會因性別、身心發展、宗教信仰、種族、年齡、家庭等條件的不同，而影響工作、生活及接受教育機會。而教育是實現社會正義之重要工具，因此，教育改革必須以社會正義為出發點。接受教育為個人從事工作、生活的要件，所以教育機會均等問題成為遂行社會正義的重要關鍵。教育機會均等的涵義包括入學機會的均等、學習過程機會的均等，以達到個人適性發展的目標。教育改革的規畫與執行應如何確保個人或群

體就學機會？以及如何適應個別差異？是極爲重要的課題。

（四）教育改革在加速社會進步

近年來，由於世界各國競爭日烈，如何充分發揮教育的社會目的，以促進社會的快速進步，已成爲各國重要的教育課題。教育可以提升個人的觀念與能力，進而改進社會組織與制度，因此，教育除須因應社會變遷進行調整之外，更須積極進行改革，以促進社會變遷、加速社會進步。但在加速社會進步的教育改革過程當中，如何消除或減低實施教育改革可能造成的非預期社會變遷——即潛在功能？值得注意。

三、心理學方面

學校教育的施教主體包括教師與學生，教育的直接目的在透過教師的專業知能，設計適切的教學內容與方法，以充分發展個人的潛能。因此，教育改革必須以學生發展、學習內容及教師專業爲依歸。

（一）教育改革在促進學生適性發展

在心理學上，個人的發展是指生理與心理狀況隨著年齡與經驗的增加而改變的過程與結果。教育的對象包括兒童、青少年及

成人等所有個人，而個人終其一生都直接或間接在接受教育，因此，教育對於促進個人的發展扮演著關鍵性的角色。由於個人發展狀況是遺傳與環境交互作用的結果，個人發展有個別差異存在，個人在發展過程中隨著階段的不同發展速度不一，教育勢須因應個人個別差異與發展階段之需求，設計有利於個人學習的環境，方能達到激發個人潛能的最終目的，而這也是教育改革追求的重要目標。

(二) 教育改革在改進學生學習內容

　　教育既在激發個人發展潛能，個人在接受教育過程中的學習內容為何，便成為一個關鍵的因素。個人接受教育的場所包括學校與社會兩方面。在學校教育方面，由於個人發展是一個持續不斷的過程，而且前一階段的發展是下一發展階段的基礎，因此，學習的內容必須是具有連貫性的基本知識。另就學習過程而言，與生活經驗相結合的學習內容學習效果最佳，也能保持最久，因此，學習的內容必須生活化。在社會教育方面，由於個人生活或工作場所不似學校教育結構，既沒有正式的學習內容，也沒有師生互動關係，因此，臨場學習內容的建立是一個刻不容緩的課題。教育改革必須同時兼顧學校學習內容以及社會學習內容的改進，以滿足個人的發展需求。

（三）教育改革在落實教師專業自主

教師是教育活動的另一個主體，教師透過學習情境的設計，安排適切的學習內容，期能充分發展學生的潛能。教師的工作是否為專業的認定雖然迭有爭議，但是自從一九六六年聯合國教育科學文化組織通過「教師職業必須視為專業」之建議案後，教師專業已成為教育工作者共同追求的目標。專業的特徵之一在於從業人員具備專業能力、精神及態度，及享有附屬於其上的自主權，使教師發揮最大的潛能。教師充分發揮專業能力，方能有效激發學生潛能，達成適性發展的目標。因此，教育改革必須致力於教師專業的建立，以及教師專業自主權的維護。但是就專業的精義而言，必須具有專業能力者始能享有自主的權利。

四、行政學方面

行政組織的結構、制度及運作是構成行政體系的重要因素，其良窳影響行政效能及效率甚鉅，因此成為行政革新的關鍵。教育組織包含教學組織與行政組織兩個層面，行政組織的改革乃成為整體教育改革重要的一環。

(一) 教育改革在進行組織再造工程

　　教育行政組織包括教育行政體系與學校行政體系，兩者都在支援教學體系，以充分發揮教學效果。教育改革的核心在教學體系，教育行政組織也必須隨著教學體系的革新進行再造。組織理論學者以及企業組織一致強調不斷進行組織再造是企業永續經營的不二途徑，而組織再造的重點包括組織結構的調整、組織文化的創新、落實分層負責制度，及提升人員素質，以達到提高組織效能與效率之目標。教育改革因此也必須從此四層面進行再造。

(二) 教育改革在合理調整組織結構

　　企業界發現，如果隨著業務量的擴增，無限制地擴大組織結構及增加人員，組織會傾向於行政導向、部門導向、一致性導向以及金字塔導向，從而明顯減低組織的應變力與創新力。行政導向增加行政作業的複雜性；部門導向消弱組織的團隊力量；一致性導向使組織失去彈性創意的空間；金字塔結構減低組織掌握社會脈動的能力。因此，組織理論與實務界特別重視組織結構的合理調整。隨著教育體系的膨脹，教育組織結構也必須積極進行重整，以維持高度的應變能力、團隊力量與創新能力。

（三）教育改革在持續創新組織文化

簡單來說，組織本身所呈現的特色即是該組織的文化。所以不同的組織，各有其不同的文化。文化是一種價值觀的內在化過程，當組織的價值標準成為所有成員共同樂意遵守的規範之後，所有成員便將此一價值標準作為行動的指針，並作為判斷本身及他人行為的依據，組織文化同時也就形成。文化形成之後，所有成員便會主動依據既定的共同價值觀思考及行動。因此，優質的組織通常透過文化的塑造，從無形之中影響所有組織的成員，並配合組織變革的需求，持續創新組織文化。教育組織成員甚眾，如能透過文化塑造與文化革新的歷程，引領成員持續變革，將能收到事半功倍的效果。

（四）教育改革在落實分層負責制度

傳統的行政組織型態採取上層決策、下層執行的模式，此一模式適用於菁英管理組織，傾向於雙層行政集權制。隨著教育的進步，民眾素質提高，介於上層與下層之間的管理層級人才漸增，逐漸形成上層決策、中層管理、下層執行的三層行政集權制。近年來，由於社會趨於多元開放，市場競爭日烈，教育普及，人才輩出，加上顧客至上的觀念盛行，以上層作為惟一決策單位的行政運作模式已顯不足，必須進行調整，以發揮集團智慧，分層負責的制度乃應運而起。分層負責在激發各個層級所有

人員之智慧，並透過參與決策的過程增加團隊向心力以及實務的可行性。教育人員具備專業素質，教育改革理當因應行政潮流，落實分層負責制度，以發揮教育人員的集體智慧，並結合理想思考與現實的條件。

(五) 教育改革在提升組織成員素質

組織運作的主體是人，組織改革的目的除了在提供更好的產品或服務之外，另一項重要目的在於提供組織成員在職教育，提升其素質。組織變革必須由人員規畫執行，惟有組織運作人員素質隨著變革的需求而提升，改革才有可能實現；也因為組織必須不斷革新，所以組織必須不斷提供在職教育，以促進組織的革新。教育組織成員眾多，教育改革更須前瞻規畫在職進修的網路，並設計符合新時代需求之進修內容，激勵教育人員永續進修的意願與態度。

教育改革理念雖可分為四大層面，但是教育改革的直接目的在發展個人的潛能。因此，教育改革應以個體心理層面之理念為核心。至於其它層面之理念因屬教育改革的情境條件及支持系統，直接、間接引導或影響教育改革規畫及執行的成敗，因此也必須同時兼顧，否則無法畢竟全功。

肆 ▷► 教育改革的主要課題

依據教育改革的基本理念，整體性的教育改革包括人員、教育內容、教育方法、教育組織、教育制度以及教育設施六大項。歸納言之，教育改革包括觀念與態度、課程與教學、組織與制度、環境與設備四類重要課題。

一、觀念與態度的改革

教育人員、學生以及學生家長是教育改革目的、過程的主體，失去主體人員的配合，教育改革便無可能。而觀念與態度是引導個人行為的動力，因此，教育相關人員在觀念與態度方面的革新，是教育改革的要務。教育相關人員觀念與態度的改革重點如下：

(1)教育行政人員具有改革知能以及正確的改革方向。

(2)學校教育人員體認教育改革的重要性及改革方法。

(3)學生以及家長認知及接受教育改革的理念與做法。

二、課程與教學的改革

課程是學習內容的依據，教學是學習過程的安排。學習內容以及學習過程應以學習者為中心，透過教師的專業素養，發展學生潛能。課程與教學的改革重點如下：

(1)課程內容以充分發展個人潛能之學習內容為核心。

(2)學習內容應注重連貫性與生活面以配合身心發展。

(3)學習內容之選擇應能夠充分反應社會及時代需求。

(4)教師教學準備及教學過程充分發揮教育專業知能。

(5)學生學習過程的安排充分尊重教師的專業自主權。

(6)學生學習評量力求多樣化且兼顧知情意的學習目標。

三、組織與制度的改革

教育活動在教育體系中進行，教育體系之組織及制度因素直接影響教育活動之品質並進而促進社會進步，因此教育改革必須重視組織與制度因素之改革。教育組織與制度的改革重點如下：

(1)合理調整教育行政及學校等相關教育組織之結構。

(2)適時修正不合時宜的法令規章以利教育進步與發展。

(3)建立學習型組織激發教育組織文化變革以及創新。

(4)適切區分中央與地方以及行政機關與學校之權責。

(5)確立教育人員終身進修制度以持續提升人員素質。

(6)適量擴充後中等教育體系以滿足個人受教之需求。

(7)開創多元回流教育以提升國民素質促進社會進步。

四、環境與設備的改革

學習活動如能受到環境、設備等情境因素之適切支援，則學習過程必能更為有效。而情境條件則因社區背景、地區之不同而不同，因此，教育改革的配套必須全面提升教育情境條件。環境與設備的改革重點如下：

(1)規畫最適學校及班級規模以營造最佳的學習環境。

(2)引進並運用先進科技以提高教學及行政運作效果。

(3)進行資源評估並合理分配資源以平衡城鄉之差距。

(4)積極充實班級教學資源以全面強化教學支援系統。

五、教育改革的實施策略

教育改革是一件龐大而又艱鉅的工程，不僅牽涉龐大的組織與人員，而且改革過程複雜並需耗費眾多人力、物力，因此，必須妥為擬定實施策略以利目標之達成。以下分就策略原則、政策規畫、教改執行、成效評鑑等四方面，提出建議：

（一）策略原則方面

策略是教改方案之行動指針，策略之妥適性是決定教育改革成功與否的關鍵。策略之擬定，必須遵守以下三項原則：

1.策略之擬定以達成教改目標為依歸

策略在確保教改目標之達成，因此，必須與教改目標密切結合，使教改行動方向一致地往前邁進。

2.策略是內外在環境分析評估之結果

策略之擬定必須在確保達成教改目標之下，審慎分析國外教育發展狀況及趨勢，並評估國內教育發展現況與社會條件之後，以本身有利條件為基礎，以積極化解不利條件為輔，訂定最佳之途徑。

3.策略擬定的過程要考慮執行可行性

策略的擬定在達成教改目標，但整體性的教改目標是多元而且複雜的議題，決非一蹴可及，因此，教改策略必須務實可行，才不致橫生枝節、自亂陣腳。

（二）政策規畫方面

教改政策的規畫是教改計畫的源頭，政策規畫必須掌握教改

核心，進行周延務實之策畫。教改政策之規畫策略如下：

1.以學生為核心，以教師為支柱

教育改革的核心目標在充分發展學生潛能，因此，教改政策的規畫必須以學生為核心；教育改革最終必須落實在教學實務上，因此，教改政策之規畫必須以教師為基礎。

2.上層負責決策，各級廣泛參與

教改政策必須統觀全局，而上層決策人員由民眾賦予統觀全局的責任，因此，必須負起教改決策之責任；但教改政策不能與實務脫節，因此，必須廣泛蒐集各界意見，以求完整可行。

3.超越現實條件，建立本國特色

教育改革在改進教育現狀，因此，教改藍圖必須具備相當難度，激勵民眾超越現實條件，奮力挑戰；教育改革在促進社會進步、提升競爭力，因此，教改計畫必須超脫他國窠臼，建立本國特色。

4.進行系統思考，貫穿各級教育

教育改革牽動其它社會體系的變革，同時也會受到其它社會條件的影響，因此，教改政策的規畫必須系統評估整體社會的條件及發展趨勢；教育改革包含各級各類教育，因此，政策的思維必須貫穿各級各類教育。

5.以學理為指引，以實務為依規

教育學理具有理想性與創新性，可以引導教育改革的方向，因此，是教改政策規畫的重要參考依據；教育改革是理想也是實務，當理想落實在實務之上時，教育改革才算完成，因此，教改規畫必須以實務為依規。

(三) 教改執行方面

教改政策的執行為教改藍圖的實現，教改執行必須以強化執行能力為重點。教改執行策略如下：

1.建立教改指標，以利行動遵行

教改執行時，必須將教改目標化為具體的指標，一方面做為教改行動的標準，以利所有成員遵行；另一方面做為教改行動之評鑑依據。

2.以基層為單位，落實分層負責

基層行政單位為執行的主力，因此，必須賦予其必要的權力，並責成其負起績效責任。惟有在權責相符之情形下，基層單位才有執行的意願，並建立執行能力。

3.以教師為中心，匯聚各方資源

教師是執行教改計畫的主力，也是執行的最基本單位，因

此，教師必須擁有足夠的資源，才能發揮其專業能力。教改計畫的執行必須提供教師必要的資源，否則難竟其功。

4.以家長為夥伴，強化改革動力

家長是教育的重要相關成員，教育改革如有家長的參與，可以與教師之間達成相輔相成的效果，對於強化教育改革執行動力有決定性的影響力。

5.因應地方特性，增加組織彈性

教改計畫執行單位之內外在環境各異，執行條件及能力不同。教育改革執行過程應給予執行單位彈性調整的空間，以免窒礙難行，影響成效。

(四) 成效評鑑方面

教改執行的過程及結果必須實施評鑑，才能確知實施成效。成效評鑑必須把握客觀、有效、品管原則，其實施策略如下：

1.以專業為規準，客觀實施評鑑

教改執行首重成效，因此，必須實施評鑑。評鑑是一種專業行為，惟有委託專業團體進行評鑑，方能客觀有效，也才能達到成效評鑑之目的。

2.以結果為本位，分析教改成效

教育改革固然包括過程與結果的改革，但是教改結果高於教改過程。沒有良好結果，再好的過程也是白費。因此，教改成效的評鑑，必須以行動結果做爲分析的主要依據。

3.建立自評體系，定期回饋反思

成效評鑑雖宜委託專業團體進行，但並不表示評鑑是被動的過程；相反的，各相關單位必須建立評鑑系統，定期進行評鑑，掌控執行的成效、進度與問題。

4.建立品管機制，永續經營教改

教育改革是一個持續不斷的歷程，因此，教育改革的規畫與執行必須建立品管的機制，以確保教改目標、教改方案、教改行動及教改結果都能朝改革願景邁進。

六、結語——爲建構新世紀教改藍圖而努力

「十年樹木，百年樹人」。教育事業是國家建設的基礎工程，教育不行，國之將傾，教育改革乃爲必要。

教育改革經緯萬端，如能分析重要概念、了解基本理念、掌握主要課題、運用有效策略，勾勒出新世紀教育發展藍圖，並結合政府與民間的力量，共同來推動教育改革，則定能順利成功。

展望未來，我們的教育將會更多元、更開放、更活潑、更卓越，屆時學生也將具有更優質的學習環境，深信未來的教育體系必能培養出兼具人文素養與科技素養的健全國民。國家在邁入二十一世紀之時，也會更有活力、更具競爭力。

（本文由作者與吳清山教授合撰）

初等教育改革課題之分析

壹 ▷► 前言

　　我國現階段正邁入全面性教育改革階段，其中有關初等教育的改革措施以及改革建議方案甚多也甚具價值。惟改革的項目眾多，務期有效，必須分析優先順序以便運用有限的資源達到最大的效果。本文從教育規畫的角度，透過SWOT以及可行性評估的方法，分析當前初等教育改革課題的重要性及可行性，以供教育決策參考。

　　初等教育是指個人接受正式教育的最初教育階段，初等二字主要是與其上的中等教育及高等教育相對的稱呼。就初等教育的歷史發展而言，由於最早的初等教育體系由國民小學組成，因此，初等教育通常是指國民教育階段的國民小學教育。隨著教育的普及，國外許多實施初等教育的學校體系也隨著擴大，分別向

下及向上延伸到相當於我國學制中的幼稚園及中等教育的前半段，其初等教育體系已包含幼兒及部分中等教育階段。我國現制並未將幼稚園教育納入正式的國民教育體系，兼具國民中小學教育功能的完全中學也並未普及，因此，現階段我國的初等教育仍以國民小學教育階段為主，本文所稱初等教育也以國民小學教育為範圍。

貳 ▷► 初等教育的特性

初等教育為整體教育的一環，不論在制度上、組織上、教育主體上、教育內容及過程上，都有其獨特的一面，為論述初等教育改革之前必須先予以釐清的。

1.初等教育是全民必須接受的免費基礎教育

由於初等教育屬於個人接受正式教育的最初階梯，因此屬於基本教育，也因為是基本教育，因此，世界主要國家將其定為全民都必須接受的義務教育。既是全民普及的義務教育，國家必須免費予以提供，因此，是免費的教育。

2.初等教育是組織最龐大的教育體系

初等教育是全民必須接受的義務教育，凡達到受教育的年齡都要接受初等教育，沒有選擇的餘地，因此，學校數、教師數、

學生數為數眾多，成為教育體系中最為龐大的系統。

3.國民小學教師工作內容最為繁雜

國民小學的教育對象是活潑、好奇、可塑性高的兒童，因此，當一個國民小學的教師必須「十八般武藝」樣樣精通，才能勝任教學的工作。國內外學者的研究均指出，國民小學教師必須具備多項專業知能、專業態度以及專門學科等素養(吳敏雪，民86；張玉成、李宗薇、林永喜、林曼麗、林新發、徐超聖、黃秀霜、黃萬益、萬家春、劉湘川、劉錫麒、熊召弟、蔡義雄，民83；簡茂發、李虎雄、黃長司、彭森明、吳清山、吳明清、毛連塭、林來發、黃瑞榮、吳敏雪，民 86；Schulman, 1986)。

4.國民小學學生具多樣性、發展性及動態性

國民小學屬於義務教育，沒有經過選擇，所以學生之間的異質性高，加上國民小學學生橫跨六至十二歲的六個年齡層，不同年齡階段的兒童具有不同的特徵，呈現多樣、發展以及動態的特性。

低年級的學生基本上是好奇、好動、好問、自我中心而且想像力相當豐富的。但是他們經常注意力比較不集中，感官與動作不協調，易生氣，無法做抽象思考，服從及懲罰導向。中年級的學生開始注意別人的看法，注意力可以維持較長的時間，透過具體的操作，會有「以牙還牙」的想法，開始喜歡組織性的遊戲，肢體動作的協調性也有進步。高年級的學生已經可以進行抽象思考，開始重視同輩的規範，並喜結交固定好友，生理的成長開始

進入高峰期，但容易與成人衝突，並開始會有犯罪的行為產生。

5.國民小學的學習內容是以兒童為中心的生活教育及品德教育課程

課程是教師選擇教材以供學生學習的依據，因此也是學校施行教育的最高指導原則。國民小學階段的學生，是個人發展階段中可塑性最高的時期，而生活知能以及道德行為是實踐個人發展的基礎，因此，各國在初等教育階段無不重視生活教育以及品德教育的課程。我國自政府遷台以來至民國八十二年，雖然已先後五次修正國民小學課程標準，但是生活教育以及道德教育一直是國民小學課程標準的核心。民國八十二年發布的國民小學課程標準在總綱的目標中即明確指出：「國民小學教育，以生活教育及品德教育為中心，培養德、智、體、群、美五育均衡發展之活潑兒童與健全國民為目的。」

6.初等教育階段重視彈性、多元化的教學方法

有效的學習除了必須有教材內容的配合之外，彈性、多元的教學方法也是必備的重要條件。初等教育階段，由於學生第一次接受正式的教育，學生異質性高、個別差異大，學生學習的內容廣泛，所以更需要透過彈性、多元的教學方法，以啟迪學生的學習興趣，並提升學習效果。彈性實施教學方法，可以隨時調整學習活動的流程，進行加深加廣或附加的學習；使用多樣的教學方法，可以提高學生的學習興趣及學習效果。

7.初等教育階段是影響個人行為發展的關鍵期

初等教育階段是個人生涯發展中記憶最為深刻的階段，因此，許多名人在回憶往事時，常會提到國小時期的人、事、地、物。另外許多研究也發現，一位成功的人物，通常在小學階段就已經展現其過人之處，並經適當地引導而至有成，而作奸犯科之輩在小學階段也已經顯露出異常行為的徵兆，但由於缺乏及時的輔導，最後步入歧途而不能自拔。所以，初等教育階段對於個人行為發展的影響至為鉅大，為世所重視。

8.國民小學以發揮社會化及保護功能為要務

學校是教育的主要場所，扮演著重要的教育功能。根據學者的分析，學校主要扮演著社會化、選擇以及保護的功能。社會化的功能使得個人在接受教育的過程當中，接受社會的共同價值觀念，成為國家社會中健全的一份子。選擇的功能使個人依據自己的條件，發展出自己的特色。保護的功能使個人在接受教育的過程當中，生理及心理方面都獲得適當的發展。初等教育階段重在基礎教育的實施，因此，尤其重視社會化以及保護的教育功能。

參▷► 國內發展現況

我國近年來初等教育的發展極為迅速，以下就學生、教師、

教育行政組織、學校、教育經費(統計資料請參閱：教育部，民86)以及發展課題等分項探討。

一、學生方面

　　我國國民小學學齡兒童的入學率，自七十五學年度至八十五學年度的十年間均維持在99.50%以上，依據教育部民國八十五年九月的統計，全國六歲兒童進入國小一年級就讀的比率為99.65%，僅1,142名學童未報到入學。八十五學年度國小學生淨在學率(六～十一歲國小學生數／六～十一歲人口)為94.27%，粗在學率(全體國小學生／六～十一歲人口)為101.12%。升學率方面，自七十五學年度至八十四學年度，國小畢業生升學國中的比率維持在99%以上，但八十五學年度卻首度打破99%下限，降至98.89%。

　　就統計數據來看，國小學生有逐年減少的趨勢，如七十五學年度國小學生人數為2,364,438人，八十學年度減少為2,293,444人，到八十五學年度再減至1,934,756人，總計十年間減少429,682人，約減少18.2%。每班平均學生數也由七十五學年度的43.88人，降至八十學年度的40.95人，八十五學年度再降為34.17人，十年來每班學生人數降低9.71人。全體國小學生佔總人口數的百分比也有下降的趨勢，從七十五學年度的12%，降為八十學年度的11%，八十五學年度再降到9%。換言之，現在約每一百人當中有九位是小學生。

另就生理發展狀況來看，依據教育部八十七年四月公布的資料(楊惠芳，87年4月18日)，國小一年級男生的平均身高為122.1公分，平均體重為24.9公斤；四年級男生平均身高137.9公分，平均體重35.3公斤；六年級男生平均身高150.2公分，平均體重44.3公斤。國小一年級女生平均身高121.0公分，平均體重23.7公斤；四年級女生平均身高138.7公分，平均體重34.4公斤；六年級女生平均身高151.4公分，平均體重44.2公斤。與民國八十四年的調查結果相比較，不論在身高或體重方面，都有增加的現象。至於身體質量指數、坐姿體前彎、仰臥起坐、立定跳遠及跑走等體能狀況，則同時初步建立常模。學生視力方面，八十五學年度的1,923,790位小學生當中，視力正常人數(兩眼均達0.9以上)有1,269,047人，視力不良人數有654,743人，約佔34%，換言之，每三個小學生當中就有一位視力有問題，而且隨著年級的增加，不良的比率也隨著增加，一年級僅佔21%，到五年級增為42%，六年級為47%，增加一倍以上。

二、教師方面

　　國小教師的人數每年有穩定增加的趨勢，從七十五學年度的74,838人，增加到八十學年度84,304人，八十五學年度增加到90,127人，十年間增加15,289人，增加率為20.4%。

　　教師學歷方面，自七十五學年度以後，國小教師絕大部分具備師範、師專以上資格，但是八十四、八十五學年度不具備師

範、師專學歷的教師人數有增加的現象。

教師性別方面，女教師的人數比率有逐年穩定增加的趨勢。七十五學年度國小女教師約佔全體國小教師 54.3%，八十學年度增加為 60.4%，八十五學年度再增為 64.0%，十年間增加 9.7%。

由於教師總人數逐年增加，學生總人數逐年減少，因此，每位教師平均教導學生的人數也逐年相對減少。如七十五學年度國小每位教師平均教導 31.59 位學生，八十學年度為 27.20 位學生，八十五學年度已減至 21.46 位學生。

三、教育經費方面

國小教育總經費自七十五年度的 31,004,799,000 元，增加為八十年度的 70,574,725,000 元，到八十五年度增加為 123,607,646,000 元。但就教育經費比率而言，國小教育總經費佔各級教育(含教育行政機構)總經費的比率相當穩定，如七十五年度佔 22.48%，八十年度佔 23.45%，八十五年度佔 24.53%。

就八十五年度來看，公立小學的教育總經費為 122,306,325,000 元，私立小學教育總經費為 1,276,640,000 元，公、私立小學教育經費分別約各佔 99%與 1%。

由於學生人數的減少，因此，每位國小學生教育費用也相對地增加。七十五學年度每校平均每生教育費用為 13,765 元，八十學年度增加為 34,745 元，八十四學年度增加至 62,699 元。

四、教育行政機關方面

我國教育行政組織，從中央的教育部到直轄市以及縣(市)，均依法設置辦理國民小學教育之機構。在中央主要為教育部的國民教育司，台北、高雄兩院轄市主要為教育局第三科，縣(市)政府為教育局。

依據我國中央辦大學、省辦高中、縣(市)辦國民教育的原則，我國國民小學教育主要由縣(市)政府教育局以及直轄市教育局推動，但各教育局的規模變動不大。八十五年度台北市政府教育局編制內員工人數為 215 人，編制外聘僱人員 14 人，高雄市政府教育局編制內員工人數為 104 人，編制外聘僱人員 2 人，其餘各縣市政府教育局平均編制內員工人數為 19 人，編制外聘僱人員 26 人。

五、學校方面

國民小學學校數量的發展相當穩定，七十五學年度有 2,486 校，八十學年度有 2,495 校，八十五學年度為 2,519 校。十年間增加三十三校，但因為人口出生率降低，因此每校平均人數自然降低。

就學校分布而言，也與人口分布情形相當一致。以八十五學

年度來看，台北市國小學校數佔全部國小的 5.97%，高雄市佔 3.13%，台北縣佔 7.94%，宜蘭縣佔 3.01%，桃園縣佔 5.93%，新竹縣佔 3.17%，苗栗縣佔 4.41%，台中縣佔 5.80%，彰化縣佔 6.73%，南投縣佔 5.97%，雲林縣佔 6.21%，嘉義縣佔 5.41%，台南縣佔 6.81%，高雄縣佔 6.01%，屏東縣佔 6.65%，台東縣佔 6.39%，花蓮縣佔 4.33%，澎湖縣佔 1.64%，基隆市佔 1.60%，新竹市佔 1.04%，台中市佔 2.08%，嘉義市佔 0.72%，台南市佔 1.64%。如以區域別來看，北區佔 28.66%，中區佔 31.30%，南區佔 32.02%，東區佔 8.02%。

以每千方公里為單位來計算，台灣地區平均每千方公里有 69.31 所小學。就縣市別而言，台北市每千方公里平均有 548.26 所小學，高雄市 507.81 所，台灣省 63.75 所，其中台北縣 96.46 所、宜蘭縣 35.09 所、桃園縣 121.22 所、新竹縣 55.34 所、苗栗縣 60.43 所、台中縣 71.66 所、彰化縣 156.37 所、南投縣 36.28 所、雲林縣 120.08 所、嘉義縣 70.99 所、台南縣 84.32 所、高雄縣 53.71 所、屏東縣 59.81 所、台東縣 26.17 所、花蓮縣 23.33 所、澎湖縣 323.19 所、基隆市 301.30 所、新竹市 249.76 所、台中市 318.18 所、嘉義市 299.85 所、台南市 233.42 所。就區域別而言，北區每千方公里平均有 97.32 所國小，中區 74.33 所，南區 79.88 所，東區 24.56 所。

就國民小學學校的組織及編制而言，依據國民教育法及其施行細則之規定，十二班以下之學校除校長外，設教導、總務二處及輔導室或輔導人員，教導處分設教務、訓導兩組。十三班到二十四班之學校教務、訓導、總務三處及輔導室或輔導人員，教務

處分設教學、註冊二組，訓導處分設訓育、體育、衛生三組，總務處分設文書、事務兩組。二十五班以上之學校設教務、訓導、總務三處及輔導室。教務處分設教學、註冊、設備三組，訓導處分設訓育、生活教育、體育、衛生四組，總務處分設文書、事務、出納三組，輔導室得設輔導、資料二組。國小教師編制以每班置教師 1.5 人爲原則。

六、重要措施與成果

自教育部於民國八十四年公布「中華民國教育報告書」以及行政院教育改革審議委員會於民國八十五年完成「教育改革總諮議報告書」之後，行政院於民國八十六年核定教育部所提的「教育改革總體計畫綱要」，國民小學的教育發展已有明確的走向，並獲致相當的成果，以下分就課程與教學方面、教師方面以及教育行政方面分項敍述。

(一) 在課程與教學方面

教育部於民國八十二年修正發布的國民小學課程標準已自八十五學年度起自一年級新生開始實施。此一課程標準強調生活化、人性化、彈性化、國際化、統整化的國民小學新的教育原則 (教育部，民 82)。隨後教育部又於民國八十六年宣佈研訂國民中小學九年一貫的課程綱要，並預定自九十學年度實施。此次的修

訂將目前的課程「標準」改爲較具彈性的課程「綱要」，以利審定本教材的編訂；並縮減上課科目和上課時間，加長藝能科的活動時間；另外賦予學校彈性的授課時間，基本課程佔七成，彈性課程佔三成。此外，該項課程係以每週上課五天爲規畫的原則。根據九年一貫制課程綱要小組的規畫，現行的中小學課程將統整爲語文、數學、自然、社會、藝能、活動及選修課程等七個領域，而英語也將因應國際化而列入國小課程之中(韓國棟，87 年 5 月 12 日)。

開放民間編輯教科書、提供學生多元選擇的機會爲另一重要國小教育措施。我國國民中小學教科書自民國五十七年實施九年國民教育以來，即由國立編譯館統一編印。民國八十三年以來，由於受到民間及民意機構的強烈要求，因此教育部乃決定自八十五學年度起配合國小新課程逐年開放國小教科書，由過去的統編本改爲審定本。自八十五學年度以來，民間參與編印國小教科書相當熱烈，國小教科書也突破過去「一言堂」的模式，進入多元開放的境界。

鄉土教材正式納入國民小學課程標準，是我國教育課程的另一項重要突破。遠在民國六十四年公布的國民小學課程標準中的社會科課程標準第三條總目標，即指出指導學生認識鄉土地理以及我國自然環境，以養成熱愛鄉土的情懷，惟鄉土課程一直未單獨設科。民國八十年，國內鄉土文化意識興起，政府爲因應社會的需要，於八十二年修正發布的國民小學課程標準正式增列鄉土教學活動一科，包含鄉土語言、鄉土歷史、鄉土地理、鄉土自然、鄉土藝術等五大類，積極推動鄉土教學，鄉土教材由各縣市

政府及各校自行編輯。

（二）在教師方面

　　國小教師與其它各級教師一樣改為聘任制，為國小教師任用制度的一大變革。教師法公布以前，國民小學教師與一般公務人員一樣均由政府派任，民國八十四年公布的教師法規定，高級中等以下學校教師均採聘任制，由各個學校成立之教師評審委員會審查通過後，由校長聘之。國民小學教師之任用乃由舊制派任制改為聘任制。負責審查的學校教師評審委員會成員包括教師代表、學校行政人員代表、及家長會代表一人，其中未兼行政或董事(私立學校)之教師不得少於總額的二分之一。此一規定，使過去由行政人員負責教師任用的權利，下放到教師以及家長之手中，其變動不可謂不大。

　　學校教師會法定地位的確認，對國民小學教師而言，是另一個重大變革。雖然教師法規定各級學校均得成立教師會，但民國八十四年教師法公布之後，成立學校教師會的學校以國民小學最為踴躍。教師會的主要任務一方面在透過專業的談判以維護教師的正當權益，另一方面在透過教師公約以協助並要求教師提升專業水準，促使教師團體走向專業化(張鈿富，民85)。目前台北縣市、高雄市以及台中市等都會區的學校教師會較為活躍，並積極舉辦各項活動提供教師各類服務與協助。

　　專業自主權的尊重為國小教師的另一項重大突破。過去國小教師使用統一的教材、相同的教具，並經常受到不當的行政或外

力干擾，使教師教學自主權受到剝奪。教師法第十六條第六款規定，教師之教學及對學生之輔導依法令及學校章則享有專業自主。國小教師因此在教材的選擇、教法的運用、教學地點的決定以及輔導學生的方式等專業領域，依法享有自主權。同時第十六條第七款也規定，教師得拒絕參加教育行政機關或學校所指派與教學無關之工作或活動，過去國小教師經常奉命擔任投開票所工作人員或協助戶口普查等事，因與教學工作無關，政府已不得再強行要求教師為之，教師從事教學的專業工作也進一步受到保障。

教師再職進修的義務化為當前政府重要的教育措施之一。過去國小教師參加在職進修活動以志願方式為主，教師不論為提高學歷、或為改進教學方法、或為參加校長、主任甄試，基本上都出自於教師當事人的志願；換句話說，對教師而言在職進修是一種權利而非義務。但八十四年公布實施的教師法第十六條規定，在職進修是教師的一種權利，同法第十七條規定，在職進修是教師的一種義務。因此，在職進修不僅是教師的權利，也是一種義務。民國八十五年，教育部發布高級中等以下學校及幼稚園教師在職進修辦法，該法第九條規定，教師在職期間每一學年須至少進修十八小時或一學分，或五年內累積九十小時或十八學分，教師在職進修義務化因此乃告確定，並由各校實施當中。

國小師資來源的多元化，為政府提升教師素質的重要錯施。國小教師過去主要來自師範、師專及師範學院等師範體系，民國八十三年師範教育法修正為師資培育法之後，開啟師資培育多元化的大門，民國八十五年師資培育法第六條修正之後，國小教師

的來源由原來的師範校院擴增到設有教育院、系、所之一般大學、經教育部核准設置教育學程的一般大學、以及經教育部核准開設學士後教育學分班的一般大學，國小教師來源因而更為寬廣。目前培育國小師資的機構包括九所師範學院、政治大學、文化大學以及靜宜大學。

(三) 教育行政方面

目前教育部正積極進行的國民教育法的修正工作，為國民小學首要的相關教育行政措施。由於國民教育法自民國六十八年公布迄今已近二十年，二十年來由於國內外社會的急遽變遷，多數規定已不符國家、社會的需要，因此必須適切修正。依據國民教育法修正草案，國民教育法的修正重點將包括：增加家長對於國民教育的責任、加強民主法治教育、落實國民中小學九年一貫課程、增置校務會議、訂定教育實驗的法源、延長第十年技藝國教、試行國民教育公辦民營。這些修正事項都已順利通過，對於國民小學的課程、教學、學制、學校行政以及學校類型等都將產生巨大的影響。

國民小學小班小校的規畫，為當前國民小學教育的另一個重要措施。民國六十八公布的國民教育法第十二條即規定：「國民中學及國民小學，以採小班制為原則」，惟因都市化的結果，部分學校學生人數遽增，致產生大班及大校。民國八十四年民間教育改革團體提出「小班小校」的訴求，教育部為提高學生人際互動，以達因材施教的目標，因此也相繼研擬推動中小學小班小校

計畫。民國八十四年提出分三階段於民國九十年達成每班學生平均低於三十五人以下的目標，民國八十五年教育部將計畫修正為於八十八學年度國小一、二年級每班低於三十五人的目標，以後每兩年降低一個年級到三十五人。到九十六學年度止，國小一律以三十五人編班。民國八十七年三月教育部長林清江上任之後，指示國教司「加速」推動小班制，分別從以下三個方向評估修正：⑴計畫時程不變，但班級學生人數再降低；⑵維持原計畫人數，但縮短執行年限；⑶班級人數再降低，執行年限也縮短(楊惠芳，87 年 3 月 13 日)，並列入八十七年度行政院重要列管事項。

教育優先區的推動，為另一項與國民小學息息相關的教育措施。教育優先區的推動在於解決國民教育城鄉發展失衡的問題，尤其是特殊偏遠地區、地理環境特殊、交通不便、人口逐漸減少、班級數較少、教師流動率過高等文化不利地區的國民教育問題。自民國八十四年推動教育優先區以來，教育部共補助地震區、地層下陷區、山坡離島地區、弱勢族群學生比率偏高、隔代教養或單親家庭學生比率偏高、中輟學生比率偏高、國中升學率偏低、青少年問題積極輔導區、學齡人口流失率高、教師流動率高、教學基本設備不足之學校，新台幣七十三億元，文化不利地區的國民小學均獲得相當額度的經費補助。

近年來，政府鼓勵家長積極參與教育事務，對於國民小學教育生態造成相當大的衝擊。過去政府為發展身心障礙學生潛能，參考國外教育措施，積極鼓勵家長參與學生學習活動，以期發揮整體的教育力量。但隨著國民知識水準的提高以及小家庭的發達，家長遠比過去重視及關心子女的教育，家長參與教育事務的

需求乃伴隨而起，國民小學階段尤為家長關切以及參與的焦點。目前在中央法規方面，僅有教師法在第十一條明文規定家長會代表參與學校教評會，台北市以及台灣省則相繼於民國八十三年、八十五年修正通過中小學學生家長會設置辦法，允許家長會代表參與學校重要校務，以結合學校、家長以及社會的力量，改進學校教育。家長參與學校教育事務獲得法定的地位之後，部分學校的學生家長也開始積極投入學校經營的行列。

國民小學親職教育的加強實施，為政府當前的重要教育措施。早在民國七十九年，教育部即聘請專家學者成立「家庭教育研究規畫委員會」，積極規畫並落實實施家庭教育與親職教育。教育部在民國八十四年公布中華民國教育報告書中，將國民中小學親職教育列為計畫重點，自八十五學年度起學校於每年新生報到後安排家長舉行二個小時的親職基礎教育，並印發親職教育手冊給家長，教導家長如何協助子女生活及學習，未能在當天接受親職基礎教育的家長，由學校在開學之前安排一至二次補足的機會。教育部希望在公元兩千年達成國民中小學學生家長普遍接受親職基礎教育之目標。

肆 ▷▶ 國外發展趨勢

世界教育先進國家初等教育階段的發展已經相當成熟，惟各國為了奠定國民良好的教育基礎，無不持續致力於初等教育的改

革發展。綜觀各國初等教育的發展，主要呈現十種趨勢。

（一）致力於學生關鍵能力的提升

　　過去十餘年來，教育先進國家發現中小學學生的基本能力有明顯下降的趨勢，各國爲確保其競爭優勢，掀起一波波的教育改革運動，以提升學生基本能力。連一向強調地方教育自主的美國聯邦政府，也積極介入中小學教育事務，透過經費補助的方式，引導州政府及地方學區提升學生基本能力。

　　美國克林頓總統在一九九四年簽署生效的「邁向公元二千年美國教育法案」授權聯邦補助各州提升中小學學生學業表現，同年修正通過的「初等及中等教育法案」(ESEA)，該法案要求各州訂定具有挑戰性的學習標準及學業表現標準。克林頓在一九九七年及一九九八年的國情咨文中，兩度提出建立第四年級學生閱讀及第八年級學生數學關鍵能力的重要性，並責成聯邦教育部全力推動。英國一九八八年教育改革法案授權教育與科學部訂定國定課程標準，並強調七歲、十一歲、十四歲以及十六歲階段關鍵能力建立的重要性，並透過考試評估學生學習成效。日本自一九八〇年代以來也進行一連串的教育改革，其中臨時教育審議會扮演相當重要的角色，該會在第四次審議報告書中，強調小學階段要特別重視讀、寫、算等基本能力的學習。

(二) 降低師生比例

　　初等教育階段是個人接受教育的奠基期，而適切的師生互動是影響兒童學習的關鍵，教育先進國家為促進教師與學生的良性互動，無不從降低師生人數比例著手。依據教育部(民86)編印的中華民國教育統計指標之資料顯示，大多數教育先進國家初等教育階段學生人數與教師人數的比例低於20，如一九九五年初等教育階段教師人數與學生人數比率為 1：21，美國一九九三年的資料顯示，教師人數與學生人數的比率為 1：14，加拿大在一九九二年教師人數與學生人數的比率為 1：17，英國在一九九二年教師人數與學生人數的比率為 1：20，法國及德國在一九九三年教師人數與學生人數的比率分別為 1：19 與 1：16。

(三) 統一訂定課程架構或課程綱要

　　課程標準或課程綱要是教學實施的依據，因此，在最近的教育改革運動中也備受重視。美國是典型的教育分權國家，教育的實際實施主要由地方學區負責，但是近年來美國各州為了提高中小學學生的學習表現，相繼研訂統一的課程綱要或課程架構，以供編訂教科書及學校教學之參考。英國一九八八年通過的教育改革法案，授權中央政府訂定全國統一的公立中小學課程綱要，明確規定中小學應提供的課程科目名稱及學習目標，但對於各個科目的授課時數並無統一規定。德國屬於邦聯國家，教育事務主要

由各邦負責，因此，中小學課程內容因邦而異，但是透過邦教育廳長常設會議，各州之間的教育事務仍可達到相當的一致性。法國對於教育事務一向採取統一的策略，一九九一年的教育法令統一訂定國小三大教育目標、七門教學科目，目前小學全年上課三十六週，每週上課二十六小時。日本在最近的教育改革中，亦力求將課程標準大綱化，以允許教師有更多發揮的彈性空間。

(四) 積極提升教師素質

教師是教育的第一線工作者，教師素質的良窳直接關係到教育的成效。過去美國比較關心的是教師的數量問題，一九八〇年代以後中小學教師素質問題才受到重視(單文經，民 84)，並透過提高待遇、加強檢定以及績效責任制度，以吸引優秀人才投入教師工作的行列，並激勵現職教師提升教學品質。法國過去的小學師資主要由師範學院培育，一九九〇年以後，小學師資與中學師資改由新設立的大學師範學院負責培育，大學畢業生再經二年的教育專業訓練始具有中小學教師資格，相當於碩士班的程度(劉賢俊，民 84)。日本在提升中小學教師素質的努力方面，則著重於師資培育課程、教師證書制度、教師甄選制度、初任教師輔導以及強化教師在職進修體系的改進(宋明順，民 84)。

(五) 強調學生及家長的教育選擇權

教育選擇權是教育先進國家當代的重要教育改革思潮，其目

的在提供學生家長為子女選擇就讀學校的彈性，以保障學生的學習權以及教育機會均等的理想。美國在一九九〇年代的布希政府時期，就以增加家長為子女選擇中小學的機會做為重要的教育施政措施，繼任的克林頓總統也支持家長為子女選擇公立中小學的做法，並透過實施教育券的方式，補助學生因選擇學校而必須額外支出的教育費用(沈珊珊，民86；吳清山、林天祐，民86；張德銳，民86)。英國一九八八年的教育改革強調中小學採開放式的入學方案，讓家長有更多自由選擇的權利，同時鼓勵學校建立特色、容許學生跨區就讀，並提供上下學交通工具或交通津貼，以增加家長選擇的可能性(楊瑩，民84)。日本最近也在思考擴大學區範圍、放寬越區就讀的可行性，以漸進增加家長為子女選擇就讀學校的機會。

(六) 以公立學校為主軸的多元開放學制

初等教育階段為基礎教育以及義務教育，各國為確保全體國民都能普遍接受良好的初等教育，大都由政府廣泛設置公立學校為之。但由於各國文化背景的不同，因此發展出來的學制也不盡相同，但大體朝開放多元的方向發展。如美國各州的公立小學雖然大致以六歲為入學的年齡，但是有的州修業年限為六年，有的州為五年，也有四年的。另就學校型態而言，從傳統的公立學校到新式公立學校(如磁性學校、另類學校、理念聯合學校)，到私立學校、在家教育，以及最近的公辦民營學校(如特許學校)，都在美國小學系統中佔有一定的地位。英國初等教育學生入學年齡

為五歲，修業年限則因公、私立別及地區的不同而有差異，英格蘭及威爾斯將公立初等教育機構分為兩階段，蘇格蘭則不分階段，修業年限總共七年，私立學校則因性別不同而修業年限各異，男生為九年、女生七年。德國兒童滿六足歲一律進基礎學校(小學)就讀，接受義務教育，修業年限以四年為主(柏林及布蘭登堡為六年)。法國小學入學年齡為六歲，修業年限五年，並以公立學校為主。日本小學則招收六歲至十二歲的學齡兒童。

(七) 提高教師專業自主權

過去中小學教師並不像大學教師般享有充分的自主權，自從聯合國教科文組織於一九六六年所發表的「關於教師地位之建議書」中，建議各國將教學建立為一種專門職業之後，中小學教師專業能力以及專業地位的建立已成為各國努力的目標。教師具有專業能力以及地位之後，即可在專業行為上獲得充分的自主權，並因而保障學習者的學習權(行政院教育改革審議委員會，民85)。但是自主是建立在工作專業以及工作行業之上，缺乏專業能力以及專業規範，便無自主的權力。因此，各國在提高教師專業自主權的具體措施，主要包括提高師資培育的品質、協助教師專業發展、輔導教師專業自律，後二者更透過活躍的教師組織來達成。

教師自主的項目則涵蓋課程教材的選擇、教法的運用以及教學時間的彈性等。美國小學教師在強大的教師會支持下，擁有相當高的教學自主權；德國基礎學校的教師在教法上享有絕對的自

主權，各邦並允許學校三週不排教學進度，由教師自由運用。法、日兩國小學教師也享有一定的教學自主權，並有健全的教師組織。

(八) 採行學校自主行政管理及績效責任制

學校是執行教育的最基本單位，在過去，各國為確保中小學教育品質，經常透過層層法令及人事、經費分配權，來掌控教育。但是政府長期掌控學校的結果，使得各校習於聽命行事，扼殺學校創意的空間，另外由於政府理念與學校現實脫節，造成徒法不足以自行的窘境，因此，以政府為中心的學校行政管理近年來受到強烈的質疑(張德銳，民 84)。為激發學校的潛能，並善用教師的專業知能，教育先進國家在中小階段已經走向學校自主經營的途徑。其中美國是主張中小學學校自主經營最烈的國家，並透過學校本位管理運動的推動，賦予中小學人事、經費及行政運作的自主權(曾燦金，民 85)，英國、澳洲等國家也相繼響應推動。在推動學校自主行政管理的同時，學校也必須為經營績效負責，以達到權責相符的目標。

(九) 資訊教育向國小扎根

二十一世紀將是一個高度資訊化的社會，因此，及早培養國民獲取資訊、運用資訊以及提供資訊的能力，便成為本世紀末各國教育改革的重點。而資訊教育的實施也就從過去的大學、中

學，往下延伸到小學教育階段。美國是資訊教育最發達的國家之一，近年來，不分公立、私立學校，也不分高等、中等或初等教育階段，全面加速推動資訊教育，目前有百分之六十五的學校連上網路，百分之十四的教室已經可以直接上線。美國克林頓總統在一九九八年度的國情咨文中再度強調，將於公元兩千年來臨之前，達成每一間教室以及每一所圖書館均可直接上網，並消除資訊文盲。英國在一九八八年的教育改革法案中，將「科技學科」列為公立小學必修的基本課程，法國也將「科學與技術」列為小學七項學科之一。日本一九八五年以後的中小學教育改革，則強調學生因應二十一世紀資訊化社會應變能力的培養。

(十) 重視國小學生外語能力的陶冶

科技的發達，縮短了國與國之間的距離，加上國際間政治、經濟、文化活動的頻繁，如何培養具有國際觀以及處理國際事務能力的公民，乃成為各國當代教育改革的重要課題。而外語能力的運用則為培養國際觀以及國際事務能力的主要工具，因此，外語能力的學習已成為學校教育的重要學習內容。由於語言能力愈早接觸學習效果愈好，所以各國有將外語學習向下延伸到國小階段實施的趨勢。雖然英語是國際間強勢的語言，但是美國政府對於小學生外國語言的學習還是相當重視，有些州還提供第二外國語的學習。英國一九八八年的教育改革中，雖未把「現代外語」列為小學六大基礎科目之一，但卻列為中學基礎科目。德國自一九六四年起即要求五年級的學生開始學習外語，如拉丁語或英

語，一九九二年起決定三年級學生得學習英文或法文，部分的邦甚至允許學生三年級之前即可學習外文。

伍 ▷ ► 內外在條件分析及討論

近十年來，我國初等教育的發展不論在量以及質的方面都有長足的進步，但是世界各國也都在持續進步之中，因此，有必要進一步分析本國條件的優劣以及教育先進國家的發展趨勢對我國的契合或衝擊，以作為改革策略的依據。以下依據SWOT分析模式(Burton, 1994)，分項分析本國初等教育的內外在條件之優勢(strengths)、劣勢(weaknesses)、契合(opportunities)，以及衝擊(threats)。

(一) 特性方面

我國初等教育與其它教育先進國家一樣，都是免費的義務教育，不過各國對免費範圍的界定不太一致，有的國家以學費為限，有的則擴及教科書費用，而我國目前則僅限學費免費。

初等教育階段不論是學生數、學校數、教師數或是教育總經費，都高居各級教育之冠，因此，只要牽涉到初等教育系統的變動，影響的層面就相當深遠。此一特性影響所及，使得各國政府一方面非常重視初等教育的改進，另一方面對於初等教育改革的

步伐也顯得相當慎重，學校改革動力也為之消弱。

國民小學學生未經篩選，個別差異很大，不僅同一班級內學生有差異，班與班之間，校與校之間，以及地區與地區之間，都具高度的異質性，加上國小階段多屬包班制，所以國小教師必須十八般武藝樣樣具備，才能把一個班級經營得很好。也因為國小教師工作繁重，所以國小教師工作壓力相當大。教育先進國家透過實施小班制以及排除瑣碎行政事務的方式，以減少教師工作負擔。

生活教育與品德教育是國小教育的重點，但是由於受到升學競爭的影響，許多國小學生已經面臨相當大的學業壓力。政府企圖經由統整課程內容、活潑的教學方法、增加高中以上學校升學管道等方式，以紓解學生的課業壓力，這些努力都還需要一段時間的等待。

彈性、多元化的教學方法是國小教育工作的重點，各國為激發教師的教學創意，均以鼓勵教師教學實驗的方式來達成。我國各類教學實驗都是由政府指定辦理，無法激發教師主動變革的動機，對於教師的創意教學，也無對等的獎勵措施，因此，無法普遍引發教師進行教學革新的意願。

國小階段是個人行為發展的關鍵期，如果在國小階段就能發現學生的優良或不良行為徵兆，並加以適切地輔導，就可以發揮因勢利導與防患未然的功能。我國對於國小階段學生的行為特徵並未特別重視，經常到了國中發生問題之後才思欲補救，此時為之不僅事倍功半，而且可能為時已晚。教育先進國家已經把學生引導的系統性措施向下延伸到國小階段，值得我們參考。

(二) 學生方面

就國小一年級新生的入學率而言，十年來都高於 99%，可說難能可貴，但最近(民 85)學年度的統計資料卻呈現低於 99%的現象，甚值憂慮。如與教育先進國家 100%的入學率相比較，更顯示我國在國小新生入學率方面，仍有改進的空間。另就在學生在學率來看，不論就淨在學率或粗在學率而言，均不比教育先進國家遜色，畢業生接近 100%的升學率也值得肯定。

就國小學生總人數來看，有穩定減少的趨勢，對於減少平均每班學生人數有正面的影響。但以八十五學年度國小平均每班 34.17 人，與教育先進國家每班平均 20 至 25 人相比，則有相對偏高的現象，值得正視。

另就國小學生的體能來看，雖然八十七年的檢測結果顯示男女學生的平均身高體重均有成長的現象，但是整體體能項目與美國、大陸、日本、南韓等國家相比，都顯得遜色，因此，有必要積極改善。而從一年級學生約有三分之一視力不良，到六年級接近一半的學生視力不良的事實來看，國內的學習環境確實堪慮。

(三) 教師方面

我國小學教師人數逐年增加，學生人數逐年減少，因此，師生比例也隨著大幅降低，對於提升教學品質有相當大的幫助。但八十五學年度國小師生 1：21.46 的比率，與美國的 1：14，加拿

大的 1：17，法國的 1：19，德國的 1：16，以及日本的 1：19 相比較，仍有差距。

我國小學教師素質近年來已提升至大學程度，並開放多元化的師資培育管道，對於促進師資培育機構的良性競爭有正面的效果。惟如與部分教育先進國家將中小學師資提高到研究所層級，並採中小學師資合流培育相比較，仍然有待努力。

(四) 教育經費方面

國小教育經費十年來約增加四倍，總經費約佔教育總經費四分之一弱，為數相當可觀，增加的倍數也與物價上漲的比例不相上下。但以國小學生人數佔各級各類學校(含特教及補校)學生總人數的 37%，校數佔各級各類學校總校數的 34%，教師數佔各級各類學校教師總人數的 36% 來看，國小教育經費都有增加的空間。如僅就居絕大多數的公立學校來看，國小學生人數佔總學生數的 51%，學校數佔 49%，教師數佔 47% 來看，我國國小教育經費與合理的比率相距甚遠。

(五) 教育行政機關方面

我國教育行政機關依行政區域分別設置，目前台灣地區(不含金、馬)有二個直轄市政府以及二十一個縣(市)政府設置教育局，直接負責督導國民小學教育的實施，不另外獨立設置教育行政機關，有精簡組織的功用。但也因此容易受到非教育專業行政人員

的掣肘與不當干預，加上我國各縣市學校數量及學生人數眾多，傳統上又賦予教育行政機關管理與督導的角色，因此，業務相當繁重。部分教育先進國家採小型教育行政區制，以提升行政效率，或採審議制，教育行政機關獨立於一般行政體系之外，以增加社區的參與，也值得我們借鏡。

（六）學校方面

　　整體而言，國民小學學校分布大致與台灣地區縣市人口的分布一致，並以都會區及其鄰近區域學校數量最多，頗能符合民眾的需求，如台北縣市的國小數量約佔全國 14%，高雄縣市約佔全國 10%。但如進一步就縣市別分析，學校密度最高的縣市為台北市、高雄市、桃園縣、雲林縣、澎湖縣、基隆市、新竹市、台中市、嘉義市、台南市。除了院轄市及省轄市地區學校密度高經費或可支應外，其它三個縣市政府總預算已捉襟見肘，加上高密度學校所需的教育經費，更使其經費運用雪上加霜。

　　就學校編制而言，國小依功能分處辦事，職掌分明。但因為行政事務分類辦理的結果，也造成各處室間本位主義的盛行，以及學校行政人員與教師之間的對立。此外，原學校行政人員的編制分十二班以下、二十四班以下、二十五班以上三類，但二十五班以上的學校規模相距很大，而行政人員的編制是一樣的，小型學校教師人數甚少，且行政人員由教師兼任，造成大型學校行政人員疲於奔命、小型學校則人人兼辦行政工作，弄得人仰馬翻。教育先進國家多將教師與其它教育專業人員分開設置，教師以教

學以及教學行政為主，其它教育專業人員負責行政支援事項，使學校教師得以充分發揮教育專業能力。

(七) 重要措施方面

首先就國小課程綱要的研訂而言，修正中的中小學九年一貫課程綱要，一方面強調國民中小學課程的連貫性，另一方面重視課程的統整，同時留給學校彈性排課的空間，加上將以課程綱要而非課程標準的方式呈現，與教育先進國家的改革方向頗為一致。但是此一變化相當巨大，又要在兩年之內實施，學校環境、教師以及學生家長恐難調適，而教科書的編印在倉促情況之下，也難有周全的準備，是否會發生當時實施九年國教造成的副作用，值得深思。教育先進國家有關課程綱要的訂定大都經由長期演化而成，或經過不同團體同時研發統合而成，而且在執行之前經過充分的準備，執行當中定期研討，以避免產生不必要的副作用。而英語教學列入國小課程也與符合國際教育潮流，但是在師資、教材、設備付之闕如的情況下，必須審慎規畫。

其次就教科書由部編本開放為審定而言，也與教育先進國家的發展一致，達到促進教科書多元化的目標，增加學校與家長選擇教材的機會，而且許多書商積極投入教具及教學媒體的研發，讓學校教師可以更生動活潑地進行教學。教育先進國家強調教師的專業選擇權，教科書僅是教學的參考，而我國各種審定本教科書及其教師手冊對於教師教學準備、教學方法、教學評量等項都予以詳細地指導，造成教師對於教科書的「專業」依賴，長期而

言，對教師的專業成長將有不利的影響。

國小教師任用改爲聘任制度之後，各校得以透過教師主導的學校教評會，自主遴聘學校所需的教師，此舉與教育先進國家強調學校自主行政管理的趨勢是一致的。但是學校教評會在評量教師申請人的條件時，由於缺乏客觀的評鑑指標以及適當的遴選程序，遴選結果常引起相當大的爭議。至於即將實施的教師績效評鑑，也將因缺乏類似的評鑑標準而無所適從。教育先進國家爲建立客觀的評鑑指標，除建立教師專業能力的標準之外，並成立常設的評鑑機構，進行評鑑的研究與實施。

學校教師會成立之目的，在於仿傚教育先進國家制度，保障教師合法的權益以及協助教師專業自律與專業成長。但學校教師會成立迄今，仍停留在積極爭取教師權益方面，對於協助教師專業自律與成長方面卻毫無建設。教育先進國家對於教師組織多採積極輔導的政策，協助其茁壯成長，使其成爲自律的專業成長團體，有能力舉辦各項研討會、出版教育書籍或研究報告。

國小教師在教師法的保障之下，初次嚐到「專業自主」的甜蜜果實。自主必須在專業的範圍內爲之，而且必須以專業知能爲後盾，但是教師在獲致自主權之後，忽視自主的範圍，也忘記以專業表現爲依據，因而，常常以參與學校決策爲由，樂與學校行政衝突，影響學校的整體運作。

教師在職進修是促進專業成長、達成專業化的重要途徑，因此，政府把在職進修定爲教師的義務是一種前瞻性的作法，也與教育先進國家的做法相吻合。但是政府並未建立健全的教師在職進修網路，民間教育專業團體又無法像教育先進國家一樣，提供

多樣化的進修方案。因此，教師進修義務化之後，教師在職進修收穫有限，未來容易落致進修形式化，值得注意。

　　師資培育多元化之後，理論上國小教師的來源得以增加，由於競爭的結果，教師素質自然提升。但是目前國小師資仍供不應求，加上教師檢定的工作並未落實，實習制度沒有適當的配合措施，新制師資培育制度是否能達到提升教師素質的預期目標，仍非定數。教育先進國家為提升教師素質，或提升中小學教師資格為碩士階段，或改進師資培育的過程，或加強教師檢定措施，或落實初任教師的輔導，此類措施均值得借鏡。

　　國民教育法公布實施迄今已近二十年的歷史，因此，修正國民教育法以符應國家變遷的需要以及國際教育潮流，為政府刻不容緩的工作。目前進行中的國民教育法修正重點與教育先進國家的發展趨勢相當一致，應加速進行，否則國際情勢瞬息萬變，稍有延誤恐又無法迎頭趕上。

　　政府推動小班小校的政策雖然不變，但是四年來推動的時程卻一再更迭，顯示此一政策仍充滿高度的不確定性與困難度。實施小班小校必須龐大經費的支持，而且都會地區即使有足夠的經費也因校地難尋而困難重重，這些因素都不利於小班小校的推動。

　　教育優先區的補助，對於改善文化不利地區的學校環境有相當大的助益，也是實現公平正義原則的重要措施。但是各校執行教育優先補助款項的進度卻相當落後，而且就國外實施情形來看，僅靠教育的力量，對於此類文化不利地區的改善還是相當有限，必須從政治、社會等整體角度去思考，方能有效。

小學階段的學生家長，對於學校的教育措施最為關心，因此，如能善用家長的力量，對於學校教育功能的發揮將有相輔相成的效果。但是目前家長參與的項目大都停留在幫學校打雜的層面，對於學校教育功能幫助不大。在教育先進國家，學生家長扮演重要的角色，不僅參與協助行政事務，而且不僅在學校或是在家庭中，都肩負起教學的責任。

　　至於其它教育先進國家重視的學生關鍵能力的提升、多元開放的學制以及資訊教育等措施，我國均遠遠落後，必須急起直追加緊展開。

　　依據上述有關初等教育本質、學生方面、教師方面、教育經費方面、教育行政機關方面、學校方面以及重要措施方面分析所得，我國當前初等教育的改革宜考慮以下課題：增加免費的範圍及項目、激發學校整體改革動力、減低教師工作壓力、紓解學生課業壓力、革新教學方法、加強學生行為的引導、提高學生入學率到 100%、減少班級學生人數、降低師生比率、改善學生體能與視力、提高教師素質、增加教育經費比例、進行教育行政機關組織再造、補助部分縣市教育經費、進行學校行政組織的再造、完成及落實實施課程綱要、重新定位教科書的功能、建構教師專業能力評鑑標準、協助教師組織的發展與成長、具體界定教師專業自主的意涵、建立教師在職進修網路、強化師資培育制度、加速完成修正國民教育法、全力推動小班小校、持續推動教育優先區計畫、建立家長參與及實施親職教育的機制、重視學生關鍵能力的提升、規畫多元開放的學制、推動外語教學與資訊教育。

陸 ▷► 改革課題的可行性分析

　　初等教育的改革課題眾多，但為充分運用有限的資源，理應排定優先順序以利達成。以下採用需求程度、急迫程度、達成的可能性、人員配合程度、經費配合程度、以及完成的時間等六個指標(Lewis, 1983；Norris & Poulton, 1991)，逐項進行分析如下(詳如表一)：

(一) 初等教育特性方面

　　增加免費的項目及範圍方面，國內民眾的需求性及需求的急迫性並不高，但國際實施比率高；只需經費的配合即可達成，而以憲法修正條文有關國民教育經費優先編列的精神，達成性相當高，而且可以在短期之內完成。

　　激發學校整體改革動力方面，就國內外情勢來看都具高度的需求性及急迫性，但因牽涉的人、事、經費極為廣泛，因此達成的可能性並不樂觀，要達成也需要相當長的時間。

　　減低教師工作壓力方面，不論就國情或國外發展趨勢來看，其需求性及急迫性均高，只要相關措施的配合，達成的可能性也高。但減少教師的工作負擔相對地將增加龐大的教育經費，因此，經費的配合度偏低，也無法在短時間之內達成。

紓解學生課業壓力是一個高需求性以及急迫性的課題，但因同時牽涉到課程的統整以及升學管道的擴充，因此達成的可能性並不高。而在升學主義濃厚的氣氛之下，人員配合度不高，但課程統整及擴充升學管道所需經費的配合度高，但並非短期即可完成。

　　不論國內或國外，教學方法的革新都是一個既重要又急切的課題，只要有足夠的誘因，要全面達成教學革新是可能的。但因教師為數眾多，所面對的學生個別差異又大，全面引導教師進行教學革新所需經費龐大，因此，推動的困難度相當高，所需花費的時間也相當長。

　　加強引導國小學生行為是一個需求性高而又急切的課題，而且只要建立起健全的體系，其達成的可能性相當高。但是以現有國小教師專業能力以及其它教育專業人員的缺乏，實無法充分地配合實施。至於經費方面所需並不龐大，應可充分配合，也可以在短期之內達成。

(二) 學生方面

　　提高國小新生入學率至百分之一百，雖然是一個重要的課題，但因為現階段的入學率大都維持在 99% 以上，因此此一問題並不十分急切。如能依據強迫入學條例落實實施，此一課題也不難達成，而人員的配合以及經費的配合方面均應無問題。只要落實去做，達成的時間指日可待。

　　國小平均班級學生人數偏高的現象，為必須解決的重要課

題。但以學生人數穩定下降、班級數增加的趨勢來看，降低平均班級學生數是可以達成的，但需要較長時間去完成。

　　國小學生體能雖有增進的現象，但與其它國家相比卻仍顯遜色，尤其為數甚多且隨著年級急速增加的視力不良學生比率，最需急切改善。學生體能的改善隨著家庭環境的改善，會有明顯的改善，但視力方面，以學生學習環境惡劣以及學校缺乏適當醫療人員的情況之下，即使編列巨額預算也很難達成改善的目標，改善學生視力還需要一條很長的路要走。

(三) 教師方面

　　與教育先進國家相比較，我國小學師生比例有偏高的現象，由於師生比例高低會影響教學品質，因此必須及時予以降低。降低師生比例是可以做到的，但是必須支出龐大的經費，因此，無法在短時間之內迎頭趕上先進國家的標準。

　　我國國小師資素質已提升到大學程度，但如與教育先進國家的做法相比較，我國國小師資素質仍有進一步提升的空間。透過審慎的規畫與設計，教師素質可以逐年提高。但在現行條件之下，恐怕無法在短期之內完成。

　　國民小學所佔教育經費比例太低，必須即刻調整。在國民教育經費優先編列的政策之下，提高國小教育經費比例應該是可以達成的，而且應該可以在短期之內完成。

　　我國地方教育行政機關長期以來並未隨著社會變遷的需要，而做結構性的改變，其組織型態以及運作方式都急需隨著教育改

革的進行而進行重整。但是我國各級教育行政組織變動不易，加上變動牽涉的單位及人員甚廣，因此，在人員配合不易之下，恐難順利達成。因此，此一再造工程可能有賴時間來完成。

部分縣市學校眾多，因先天條件不足，教育經費卻明顯不足，因此必須及時給予充分的補助。依據政府過去補助縣市政府的經驗，此一補助行為應可持續為之，並列為例行補助，不能缺乏。

我國國小學校行政組織僵化，學校行政事務繁瑣，嚴重影響學校教學品質，必須立即進行調整。但學校行政組織的調整為政府組織調整的一環，而且國小學校數量龐大，因此，達成的可能性並不高。加上調整必定帶動眾多人員的變動與重新調適，是一項高難度的改革工程，也非短期之內可以完成的。

(四) 重要措施方面

與教育先進國家相比較，我國宜盡速完成中小學九年一貫的課程綱要。但是課程綱要的落實實施是一件巨大的工程，充滿著相當大的不確定性。從課程綱要的訂定來看，達成的可能性很高，但就課程綱要的執行來看，還是一條長遠的路。

國小教科書開放審定僅兩年，已產生類似過去教師過度依賴教科書的現象，但因現行教科書的內容及方式均比過去進步，因此並不急著去重新定位其功能。況且教師長期依賴教科書也非一朝一夕可以改變，重新定位教科書事宜可以留待時間來完成。

建構國小教師專業能力評鑑標準在現實環境的需要之下，為

一刻不容緩的課題。專業能力的評鑑標準，可以透過客觀的分析與討論來建立，而且所需花費的時間亦不多。

我國教師組織正處萌芽階段，亟需政府的支持與協助，以謀求其健全發展。但因學校成員各異，達成的可能性不高，有待時間的觀察。

教師專業自主權的界定是另一個重要的課題，但因整體教師的行為仍相當自律，因此，並不是特別地急切，但是可以在短期之內完成。

建立教師在職進修網路、促進教師自主進修，是極其重要而且相當急切的教育改革課題。但以國內現實條件來看，民間教育專業團體尚無能力提供系統的進修活動，以政府有限的力量要提供長期、多樣的進修管道，實難達成實質進修的目的。此一改革方案需要長期的規畫與發展。

師資培育新制無論在培育過程、教師檢定、或教育實習等方面，都必須重新檢討修正，才能達到預期的目標。此一修正屬於行政命令的修正並未涉及法律的層面，因此相當容易達成。

國民教育法已與社會現狀及世界潮流相距甚遠，必須盡速完成修法工作。但以我國過去通過立法或修法的經驗來看，國教法的修正通過恐怕又是另一條漫長的路途。

小班小校的推動既是民眾的願望，也是世界的潮流，更是國小教育的理想，必須全力達成。以政府推動小班小校的決心來看，雖然需要長期的推動，但經費的配合度高，惟都會地區及新興地區不易達成。

從維持公平正義原則來看，教育優先區計畫必須持續推動。

由於此計畫符合當前政府的政策走向，因此在經費方面並無困難。但執行人員以及執行效果都會遇到相當大的難題，短期之內很難達成。

學生家長參與學校事務以及親職教育的實施，有助於學校教育功能的延續與發揮，而且是一項可以達成的任務。但因現行學校生態及家長工作條件的限制，要達到預期目的困難度相當高，必須要長期經營。

與教育先進國家相比較，提升學生關鍵能力是一個必須立即推展的重要課題。提升學生關鍵能力是可以達成的，但是必須經過長期研訂關鍵能力的界定以及關鍵能力的評量。

目前我國小學學制不具彈性，使學校缺乏創意的空間，規畫開放多元的學校制度是一個值得考慮的發展方向。在以公立學校為主流的前題之下，允許其它型態學校的存在應大有可為，但可以逐步規畫實施。

國小外語教學以及資訊教育，已經列為教育先進國家的改革重點。因此，推動外語以及資訊教育，是當前國小教育必須重視及積極進行的課題。以國內現有條件，要達成外語學習及資訊教育絕無困難，但要達成預期效果可能需要一段時間。

表一 初等教育改革課題之可行性分析

課題	需求程度	急迫程度	達成的可能性	人員配合程度	經費配合程度	完成所需的時間
1. 增加免費的項目及範圍	低	低	高	高	高	短期
2. 激發學校整體改革動力	高	高	低	低	低	長期
3. 減低教師工作壓力	高	高	高	高	低	長期
4. 紓解學生課業壓力	高	高	低	低	高	長期
5. 革新教學方法	高	高	高	低	低	長期
6. 加強學生行為引導	高	高	高	低	高	短期
7. 提高學生入學率到100%	高	低	高	高	高	短期
8. 減少班級學生人數	高	高	高	高	高	長期
9. 降低師生比率	高	高	高	高	低	長期
10. 改善學生體能與視力	高	高	低	低	高	長期
11. 提高教師素質	高	低	高	高	高	長期
12. 增加教育經費比例	高	高	高	高	高	短期
13. 進行教育行政組織再造	高	高	低	低	高	長期
14. 補助部分縣市教育經費	高	高	高	高	高	短期
15. 進行學校行政組織再造	高	高	低	低	高	長期
16. 完成及落實實施課程綱要	高	高	高/低	高/低	高/低	短/長期

17.重新定位教科書功能	高	低	高	高	高	短期
18.建構教師專業能力評鑑標準	高	高	高	高	高	短期
19.協助教師組織的成長與發展	高	高	低	低	高	長期
20.具體界定教師專業自主的意涵	高	低	高	高	高	短期
21.建立教師在職進修網路	高	高	低	低	低	長期
22.強化師資培育制度	高	高	高	高	高	短期
23.完成修正國民教育法	高	高	低	低	高	長期
24.推動小班小校	高	高	高	高	高	長期
25.持續推動教育優先區計畫	高	高	低	低	高	長期
26.建立家長參與及親職教育的機制	高	高	低	低	高	長期
27.提升學生關鍵能力	高	高	高	高	高	短期
28.規畫多元開放的學制	高	低	高	高	高	長期
29.推動外語教學	高	高	高	高	高	長期
30.推動資訊教育	高	高	高	高	高	長期

柒 ▷► 結語

　　依據國內條件及國外發展趨勢，現階段我國初等教育的改革課題應包括三十項。再依據SWOT分析以及可行性分析結果，理論上絕大多數的項目均有高度的需求性及急迫性。可以達成的項目也居大多數，但涉及龐大組織、人員以及經費的事項，則在執行上會有相當程度的困難。類此事項可以依據時間需求的長短加以排定優先順序，如以急迫性高以及短期之內可以達成的項目優先執行，必須長期經營的事項則排定優先順序逐年重點執行。相信在政府的努力下，我國初等教育在邁入二十一世紀時，將可展現新的風貌。

行政院教育改革審議委員會(民 85)。教育改革總諮議報告書。台北市：作者。

吳清山、林天祐(民 86)。教育選擇權。教育資料與研究，*16*，82。

吳敏雪(民 86)。中小學教師應具備的基本素質。教育研究資訊，*5*(3)，1-13。

沈姍姍(民 86)。自家長教育選擇權看教育機會均等。教育資料與研究，*21*，8-10

宋明順(民 84 年 5 月)。日本第三次教育改革：中小學階段。歐用生(會議主持人)，日本教育改革。邁向新世紀教育改革中小學教育階段專題演講，國立台灣師範大學。

張玉成、李宗薇、林永喜、林曼麗、林新發、徐超聖、黃秀霜、黃萬益、萬家春、劉湘川、劉錫麒、熊召弟、蔡義雄(民 83)。迎向二十一世紀國民小學教師應具備之基本能力和素養。教育部人文及社會科學教育指導委員會研究報告。未出版。

張鈿富(民 85)。教師組織的目的與運作屬性。教育資料與研究，*8*，11-12。

張德銳(民 84 年 4 月)。美國地方學區的教育改革──重建學校運動。黃炳煌(會議主持人)，美國教育改革。邁向新世紀教育改革中小學教育階段專題演講，國立台灣師範大學。

張德銳(民 87)。學校選擇權的實施經驗與啓示——以美國爲例。**教育政策論壇，*1*(1)，86-101。**

教育部(民 82)。**國民小學課程標準。**台北市：作者。

教育部(民 86)。**中華民國教育統計指標。**台北市：作者。

單文經(民 84 年 4 月)。美國的教育改革——州的作法與地方學區的因應。黃炳煌(會議主持人)，**美國教育改革。**邁向新世紀教育改革中小學教育階段專題演講，國立台灣師範大學。

曾燦金(民 85)。**美國學校本位管理及其在我國國民小學實施可行性之研究。**台北市立師範學院初等教育研究所碩士論文。未出版。

楊惠芳(民 87 年 3 月 13 日)。加速推動小班制教部有新規畫降低每班人數或縮短執行年限甚至兩者都辦理[線上查詢]。**國語日報，**焦點新聞。

楊瑩(民 84 年 3 月)。一九八八年後英國的教育改革。伍振鷟(會議主持人)，**英國教育改革。**邁向新世紀教育改革中小學教育階段專題演講，國立台灣師範大學。

劉賢俊(民 84 年 5 月)。法國教育改革機構。黃正鵠(會議主持人)，**法國教育改革。**邁向新世紀教育改革中小學教育階段專題演講，國立台灣師範大學。

韓國棟(民 87 年 5 月 12 日)。**國民中小學必修科將大幅縮減**[線上查詢]。中時電子報，資料來源：http://210.71.221.245/scipts/chinatimes/iscstext.exe

簡茂發、李虎雄、黃長司、彭森明、吳清山、吳明清、毛連塭、林來發、黃瑞榮、吳敏雪(民 86)。中小學教師應具備的基本

素質。教育研究資訊，*5*(3)，1-13。

Burton, C. (with N. Michael) (1994). *A practical guide to project planning.* East Brunswick. NJ: Nichols.

Lewis, J., Jr. (1983). *Long-range and short-range planning for educational administrators.* Boston: Allyn & Bacon.

Norris, D. M., & Poulton, N. L. (1991). *A guide for new planners.* Ann Arbor, MI: The University of Michigan, The Society for College and University Planning.

Schulman, L. (1986). Those who understand: Knowledge growth in teaching. *Educational researcher, 15,* 4-14。

教育行政革新

教導型組織——創造教育永續成功的發動機

壹 ▸▸ 前言

　　一九九〇年代是一個充滿變革的年代，組織變革的理論也應時而成為此一年代的顯學。九〇年代伊始，組織理論學者 Peter M. Senge 提出學習型組織(learning organization)的概念之後，掀起了第一波的組織變革運動，企業界以及其它機構興起組織學習以及再學習的組織再造計畫，「學習型組織」與「學習型社會」已成為理論界與實務界探討的重要課題，「學習型組織」與「學習型社會」的建構更成為企業界以及政府機構努力追求的目標(請參閱：朱愛群，民 86；吳清山，民 86；李弘暉，民 86；孫本初、陳菁雯，民 86；鄭崇趁，民 86；Senge, 1990)。

貳 ▷► 從學習型組織到教導型組織

　　一九九七年十一月，組織理論學者 Noel M. Tichy 以及 Eli Co-
hen 的著作「領導發動機——企業贏家如何培養各級領導人」(The
leadership engine: How winning companies build leaders at every lev-
el)一書，一出版即被美國商業周刊選為一九九七年商業類十大好
書，成為企業界的暢銷書籍，為九〇年代結束之前掀起了第二波
的組織變革運動。第一波組織變革運動著重於透過組織的機制，
促使組織所有成員有意願、有機會、有能力不斷地自我學習、成
長與創造，進而促使整體組織不斷地革新，以因應快速多變的社
會。第二波組織變革運動則強調學習型組織已經不夠，新世紀成
功企業界的秘訣不僅要隨時「學習」，更要發揮隨時「教導」的
功能，使每一位主管都能親身傳授經驗，創造出各階層的領導
人，以發動強勁的競爭力，創造永續的成功(吳怡靜，民 87)。

　　Tichy(1997)經過二十五年的研究，分析歷經衝擊仍屹立不搖
的成功企業，發現成功企業的致勝秘訣無它，在於其領導人能不
斷栽培出組織中每一個層級的領導人。這種不斷全面培養領導人
的領導機制，是成功企業家的「領導發動機」，源源不絕地為組
織打造每一階層的優秀領導人，不斷為組織的發展與革新奮進、
衝刺。所以，成功的組織領導人，不僅要有學習領導的能力，更
重要的是必須具備教導領導的能力，上層領導人親自教導、培養

次一層的領導人，次一層的領導人也親自教導、培養更次一層的領導人，這種領導人培養領導人的組織型態就是「教導型組織」(teaching organization)。

參 ▷► 教導型組織的特性

教導型組織強調組織領導人親自調教其它領導人，而不再全部依賴外來的專家學者，Tichy(1997)分析成功企業展現的教導型組織具有以下四項特性：

(一) 高層領導人員親自負責培養其它領導人

成功的企業，高層領導人不僅帶領公司所有成員不斷地學習，更排定固定的時間親自授課，培養各個層級的領導人。如美國奇異公司(GE)總裁經常前往自己公司的領導發展學院，親自教授各級主管領導課程。又如獨步全球的個人電腦處理器製造商英代爾公司(Intel)總裁，也固定開授課程教導各級主管如何提升各個部門的競爭力。

(二) 成功企業的領導人都有一套值得傳授的心得與看法

成功的領導人具有豐富的心得以及珍貴的看法，而這些心得

與看法正是領導人員教授的重要素材。這類素材主要包括四類，第一類是個人的想法，其次是個人的價值觀念，第三類是個人的情緒能量(或稱情緒智商)，第四類是個人的決斷力。

成功的企業，高層領導人員對於組織的發展與運作都有一套清楚、完整並富有創意的想法，可以與人侃侃而談。這些想法平時引領公司以最有效的方法拓展無限的商機，當市場需求改變時，領導人心隨意轉，馬上又可以提出有效的因應策略，繼續擴展商機。

成功的領導人具有某些特定的價值觀念，而且這些價值觀念經過領導人身體力行、持續經營的結果，完全融合於組織的各個部門之中，成為所有組織成員個人信念的一部分，也成為組織各部門共同追求的目標與運作的準則。

高張的情緒能量是成功領導人的另一重要特性，這種能量散發出精力充沛、熱愛挑戰、積極主動、圓融和諧的人際行為。同時，領導人也以實際行動製造組織成員正面的情緒能量，以激發旺盛的鬥志與企圖心。

個人的決斷力是指個人在面臨困境時，做出明確決策的能力。成功的企業領導人面對困難的情境時總能誠實面對，毫不猶豫地為更美好的未來放手一搏，展現高度的果斷力。

(三) 領導人善用自己的真實故事來激勵他人

成功企業的領導人以說故事的方式教導各層級領導人員，並將自己成功的特質融入故事當中，運用真實的故事激發企業邁向

成功之路。成功領導人常用的眞實故事有三種，第‧種是「我是誰」(who I am)故事，領導人藉由描繪自己成長的故事，以及自己特殊信念的形成過程，激發組織成員建立這種正面的信念。第二種是「我們是誰」(who we are)故事，這種類型的故事事實上就是自己公司成功的故事，領導人述說這種故事的目的在於肯定自己的員工與衆不同的地方，並堅定員工的信念，以鼓舞團體合作的精神與作爲。第三種是「未來故事」(future stories)，領導人以過去個人的成功經驗，引出組織發展的未來，並激發其它人不畏艱難險阻，勇往邁進，迎向成功之路。

(四) 成功的領導人都有一套詳細的領導培育計畫

成功企業家的領導人投注相當大的心力培育各層級領導人員，因此，發展出詳實而有效的培育方案，並且具備優異的教學技巧，足以讓所有組織成員心悅誠服。領導人重要的工作之一在於：(1)學習過去的經驗，(2)發展出值得傳授的心得與看法，(3)灌輸正確的價值觀，(4)培養正面的情緒智能，(5)鍛鍊果斷的決策力，並將這些心得與看法綜合成爲教學素材，親身教導組織成員，不斷培育各層級的領導人才。

肆 ▷▶ 結語——邁向教導型教育組織

　　教導型組織是成功企業的特徵，強調由組織領導人親自培養領導人的作法，透過各個角落的領導人發動整體、強勁的競爭力，為企業創造永續的成功。這種以組織為本的領導人才培育模式，正是我國現行教育系統中最為缺乏的一環，以下就教導型組織的理念與特徵，提出邁向教導型教育組織的四點看法。

(一) 設置學校行政領導人員培育機構

　　成功的企業本身設有「領導學院」等類似機構，有計畫培育組織中各層級的領導人，以便為未來的發展不斷衝刺。我國現行教育行政體系中，並無學校行政領導人員專責培育機構，各教育學術研究機構中亦無專門培育學校行政人員的單位，展望未來，學校的工作環境將日趨開放與彈性化，學校行政人員絕不能以「完成份內的工作」為滿足，而必須具備「完成需要完成的工作」之能力，這種綜合能力的培養絕不是光靠當事人自學就夠了，「學校行政領導學院」、「學校行政研究所」的設置，或透過產學合作方式，以專門培育學校行政領導人才，是一個刻不容緩的課題。

(二) 各級高層行政領導人員實質講授領導課程

　　教導型組織由高層領導人親自授課，以培養其它領導人，透過高層領導人親授的過程，組織得以創造出最務實的領導人才。我國現行各類學校行政人員的教育訓練，大部分以外聘專家學者授課為主，高層行政領導人員多數以蜻蜓點水式的「蒞臨指導」為主，重覆宣導政令，了無新意。殊不知，高層行政領導人的經驗與智慧的結晶，正是學校行政領導人最需要的知識寶藏，也是激發其突破、創新的重要原動力。因此，各層行政領導人員應實際講授學校行政人員培育訓練課程，以培養智慧型的學校行政領導人才。

(三) 學校校長既是學習者也是教導者

　　教導型組織的領導人，定期向各層領導人員講授領導課程，因此，必須自己不斷從經驗中擷取重要素材，作為授課的內容，同時也要善於將重要的素材傳授給學員。因此，他不僅是一個經常性的經驗學習者，也是一個出色的教學者。學校是一個組織，校長是學校領導人，各處室主任、組長以及所有教師，甚至各班班長是各層級的領導人，校長的重要職責之一在於不斷學習、不斷自我成長，並從專業的角度，去「教」主任、組長、教師如何做，而不是「叫」他們如何做。

（四）建立學校行政領導人員培育計畫

　　成功的企業領導人，本身有一套完整的領導培育計畫，源源不絕地培養各層領導人，持續為企業衝刺。我國現行教育政策對於中小學師資有明確的培育計畫，對於學校行政領導人員則無任何培育計畫，如果我們要不斷進行教育革新的衝刺，必須擬具明確的學校行政領導人員培育計畫，建立中央到地方到學校的一貫培育體系，創造隨時可用的學校行政領導人才。

朱愛群(民 86)。學習型組織意涵之探索。警學叢刊，*27*(5)，153-176。

吳怡靜(民 87)。教導型組織——發動領導高能量【線上查詢】。查詢方式：http://www.cw.com.tw/common.htm

吳清山(民 86)。學習型組織理論及其對教育革新的啓示。國教月刊，*43*(5/6)，1-7。

李弘暉(民 86)。團隊原理。中國行政評論，*62*，73-86。

孫本初、陳菁雯(民 86)。從學習的角度來評估人力資源的運用。考詮，*9*，22-37。

鄭崇趁(民 86)。學習型組織對於教育行政的啓示。學生輔導通訊，*50*，10-17。

Tichy, N. M. (with Cohen, E.). (1997). *The leadership engine: How winning companies build leaders at every level.* New York: Harper Business.

Senge, P. M. (1990). *The fifth discipline: The art and practice of the learning organization.* New York: Doubleday.

學校行政領導人才培育模式

壹 ▷► 前言

　　教育改革必須落實在學校實施上，教育改革才不是空的，而學校的實施關鍵主要在於學校行政人員及教師。本文以學校行政領導人員的培育為出發點，檢視我國及美國的實施情形，並分析有關學校行政人員的最新培育理論，最後提出幾個問題，與大家共同思考。

貳 ▷► 培育現況

　　我國及美國學校行政領導人員之培育現況簡述如下(吳清山、

林天祐、張德銳、劉春榮、陳明終，民86)：

(一) 我國實施現況

1.缺乏專門性的職前培育系統

我國現制對於學校行政人員並無具體之規定與規畫，大學教育行政系所或組所培育出來的人員並無專業證書的優勢。

2.以短期儲備訓練為培育重點

現職學校行政人員經甄選通過後，必須參加儲備訓練，此一訓練即為專門培育的重點。

3.儲備訓練兼重理論與實務課程

在儲訓的課程中，兼重通識、理論及實務課程，但惜皆為期甚短。

4.實習訓練以參與觀察為主

儲訓課程中的實習以參觀為主，並未有參與做決定之機會。

5.儲備訓練未包括導入教育階段

儲訓結束經分發之後，並無配合資深優秀行政人員輔導的制度。

6.無強制校長在職進修的機制

現制僅有教師有強制進修的規定，學校行政人員中的校長並無強制進修的規定與要求。

7.在職進修的管道有限

目前教師在職進修管道以教學方面的課程較多，教育及學校行政方面的進修管道較少。

(二) 美國實施現況及趨勢

1.由大學教育相關研究所負責職前培育

美國以大學研究所課程為培育學校行政人員的主力。

2.職前培育內容以實務課程及實地訓練為主

美國職前培育的課程過去兼重理論與實務，惟最近有強調實地訓練的趨勢。

3.職前培育之實習時間長，並實際參與學校行政決定

實習時間通常為期一年，並實際參與學校行政決定。

4.職前培育包括導入教育階段

初任行政人員的持續輔導為培育課程的重要內涵，且聘資深

學校行政人員爲輔導講座。

5.強制在職進修

多數地方學校行政人員必須有系統地參加一定規定的大學學分或進修時數。

6.在職進修管道多元且暢通

不僅大學的教育行政人員培育方案衆多，民間基金會以及教育專業團體也提供爲數不少且高品質的訓練課程。

參▷► 培育模式

學校行政領導人才培育模式甚多，本文歸納出三種不同模式並簡述之。

（一）Developmental 模式

美國教育學院較具規模的大學，多數提供 Developmental 模式的中小學學校行政領導人員培育方案，如新墨西哥大學(The University of New Mexico，簡稱 UNM)教育學院的培育方案即爲著名的例子，以下摘述其主要特徵(Jacbson & Conway, 1990)：

1.典型的認可制

UNM 的培育方案先經州政府的認可之後，學生持其所提供的行政人員證書或文憑等證件，才具備行政領導人員的基本資格。學生修習未經認可的課程，僅能作爲一般的研究修進修經歷，並不具備單任行政人員的基本資格。

2.大學本位的課程導向

本培育模式主要由設有教育學院的大學於一九八〇年代末期共同設計出來的，參與設計的人員包括教育學院院長、教育行政系系主任及相關教授，雖然在設計的過程中曾參考教育行政實務工作人員的意見，不過，思考模式大體仍以大學學術理論爲出發點。

3.採階段式設計

第一階段在「建立基礎」，由學生涉獵廣博的核心理念，包括「課程與教學」、「人力資源管理」、「行政管理」、「組織行爲」等四大行政學術領域。第二階段強調「觀察與反省」，安排學生到學校及教育行政機關進行教育組織及活動的觀察學習，同時印證第一階段所學，另外也開始進一步探討相關的理論。第三階段屬於「應用階段」，學生必須在教授指導之下，應用第一、二階段所學，各自分組到學校去實際解決一個現存的問題。第四階段進入「實習」的階段，實習期間定期返校研討。第五階段爲「評鑑」，共同研討培育方案的利弊得失。第六階段則進行

「追蹤與輔導」。

4.採漸近式的課程安排

在課程設計方面，主要採由「理論到實際」、由「廣博到專精」、由「大學到現場」、由「容易到困難」、「由團體到個別」的理念來實施。

(二) LIFTS 模式

美國紐約州立大學水牛城校區(State University of New York at Buffalo，簡稱 University at Buffalo)教育行政組織政策系(簡稱 EOAP)於一九九四年提出 LIFTS (Leadership Initiative for Tomorrow's Schools) 模式，進行學校行政領導人員培育革新方案，該模式的特徵如下(State University of New York at Buffalo, 1994)：

1.產學合作方式

LIFT 模式建立於教育實務界與大學學術界合作的基礎之上，由 Buffalo 學區提出具有學校行政領導潛力的人員，委託 University at Buffalo (UB) 進行碩士班層級的教育行政領導專業培訓，修業年限二年，修畢必修學分發給專業證書，如符合碩士學位要求則同時授予教育碩士學位。

2.「顧客需求」導向

該方案的課程內容由 EOAP 以及學區教育行政人員共同設

計，同時兼顧學術專業以及教育實務的需求，尤其重視該學區的特殊需求以及未來發展取向。爲能滿足「顧客的需求」，EOAP向學區蒐集每位學員的背景資料，並透過SWOT分析了解每一位學員的特性，以便發揮個別輔導的功能。

3.採「省思性」的架構

該方案的課程設計是以Schon的反省思考理念爲出發點，培訓的過程先以學校實際問題爲核心，再輔以理論的連結，最後再回到實際問題的探究，目的在培育未來的行政領導人員具備高度的問題解決能力，使學校行政領導人員能勝任行政工作。

4.採「三明治」的方式進行

除第一次、第二次講述課程內容和要求以及返校進行理論的驗證在大學上課之外，其餘大部分的時間學員都在學校中進行實務訓練。在爲期兩年的培訓過程，在第一年，學員被安排到資深優秀的學校行政人員學校中，接受實務的指導，並定期返回大學研討所碰到的問題及解決或未解決的問題，以及進行相關理論與學術的探討。第二年則進行一整年的工作實習，實習期間分別被安排到不同性質及不同類型的學校實習，實習人員實際參與行政決定，實習指導人員包括大學的授課教授以及優秀的學校行政人員。

(三) PBL 模式

PBL 模式主要由美國哈佛大學 Edwin M. Bridges 教授以及 Vanderbilt 大學 Phillip Hallinger 教授所提倡的另類培育理論(Bridges & Hallinger, 1995)。PBL 是「問題本位」(Problem-based Learning)的英文簡稱，此一模式反對「從理論應用於實際」的傳統思考方式，另創以問題為核心的培育模式，其特色如下：

1.「知行合一」論

本模式的提倡者認為培育的過程包括「知」與「行」兩個要素，而且兩者同等重要，必須混合進行無先後之分。

2.問題解決導向

本模式主張，以學生未來工作上會遇到的問題當作學習的內容，學生知識及其應用的學習才有意義。當習得這些知識與知能之後，未來在實際工作時才能迅速回顧所學並有效地應用。

3.強調五大領域

執行本模式必須注意五大要領：第一，要認識未來工作的實際情境；第二，訓練解決現場問題的能力與態度；第三，問題學習先於內容學習；第四，學生負主要的學習責任；第五，要以學生實作表現作為評鑑的依據。

肆 ▷► 思考的問題

依據前述的理論與實施，本文擬提出七個問題與大家共同思考：

1.短期儲訓與長期培育的問題

我國目前採用短期儲訓的培育模式，與美國的改革趨勢及理論趨勢大不相同，短期儲訓是否符合我國現狀及未來的需求，甚值得探討。

2.大學部層級與研究所層級的培育問題

我國現行學校行政人員的專業訓練以大學部課程內容爲主，而美國則以教育行政相關系所爲主。研究所層級的課程是否優於大學部層級？如果是，則現有的專門培育機構是否足夠？

3.理論與實務課程的安排問題

我國教育相關系所教育行政課程的安排雖無統一的模式可言，但大體以理論探討及學術研究爲主，未來如果擔負行政人員培育之責，是否維持現狀？或須調整？應如何調整？

4.實習課程的安排問題

我國不論在短期儲訓或大學相關系所課程，教育行政的實習課程，與培育理論趨勢以及美國培育現況相比較，相對太少。實習課程的時間是否延長？實習的內容是否須調整？如何調整？

5.在職進修的問題

我國中小學學校行政人員並無強制進修的規定，而現有的進修管道似嫌不足，無法滿足行政人員的需要。因此，是否有增設教育行政相關系所的必要？或鼓勵教育專業團體提供系統性的在職培育方案？

6.導入階段的培育問題

初任學校行政人員的第一年屬於導入階段，通常也是行政人員最感困擾的階段，而我國的學校行政人員培育制度並未涵括此一階段在內。學校行政人員的培育是否須包括導入階段？如要，應如何規畫？

7.產學合作的問題

國內一般理工商醫農等系所產學合作的情形比較普遍，而由學校或教育行政機關與大學校院進行學校行政人員培育的產學合作則尚未見。鑑於產學合作的大學一方可以提供高級研究人力，委託一方提供資源並獲致所需人才，形成所謂「雙贏」的結果，未來類似的合作似乎有相當發展的空間。

參考文獻

吳清山、林天祐、張德銳、劉春榮、陳明終(民 86)。國民中小學學校行政領導人員培育及任用制度之研究。行政院國家科學委員會核定之專案研究計畫(編號：NSC-85-2411-H-133-001 F6)。

Bridges, E. M., & Hallinger, P. (1995). *Implementing problem based learning in leadership development.* Engene, OR: ERIC Clearinghouse on Education Management.

Jacbson, S. L., & Conway, J. A. (1990). *Educational leadership in an age of reform.* New York: Longman.

State University of New York at Buffalo (1994). *Graduate School of Education.* Buffalo, NY: Author.

政策篇

革新政策

高中大學設置政策之研究

壹 ▷ ► 緒論

(一) 問題背景及其重要性

近兩年來，不論是政府單位或民間團體，對於教育改進的推動都極為關心及投入。擬議改進的事項下至幼稚教育上至高等教育，大至學制小至教學及行政運作的技巧都有具體的規畫及建議。其中，是否廣泛設置高中以及大學，一直是一個爭議性的議題，有主張政府廣設高中大學以順應社會大眾的需求，反對者則認為廣設高中、大學並非教育改進的當務之急，而主管教育行政機關教育部則主張以漸進的方式，有計畫地增加高中、大學的數量。

支持廣設高中、大學的民間教育改革團體認為，政府廣泛設

置高中、大學，可以滿足大多數學生的升學意願，延後升學競爭，有助於中小學教學正常化。反對的行政院教育改革審議委員會則強調，廣設高中、大學並非促進中小學教學正常化的唯一途徑，而且政府廣泛設置高中、大學之後，將嚴重影響現行私立學校的生存空間。另外，讓青少年輕鬆地進入高中、大學可能導致青少年無法擁有有效面對未來的能力，況且政府財力有限，與其增設學校，不如將增設學校所需的經費用，用來改進其它更基本的教育問題。主管教育行政機關教育部則認為，廣設學校並非良策，有計畫地規畫設計才能兼顧質與量的均衡發展。在具體作法方面，教育部希望透過綜合中學的推展，逐漸增加高中的比例，在大學方面則鼓勵私人於資源不足地區優先設置大學，並配合陸續新成立的大學及專科改制為技術學院的方式，逐漸增加大學的數量。

　　基本上，提倡政府廣設高中、大學者，企圖透過量的增加以引導質的改進，反對者主張直接改進高中、大學及相關教育階段的內涵才是重點，教育行政單位則採計畫的觀點，兼顧質的管制與量的調整。各方論者各有所本，立論互異，惟均以決策菁英的意見為主，為有效弭平爭議，允宜再廣徵位居第一線的教育工作者以及學生家長的意見，以昭公信並供教育決策的參考。

　　高中、大學的設置政策與國家的未來發展以及人民的福祉關係至為巨大。從國家的角度來看，高中、大學是培育國家經建發展所需人力的關鍵，數量不足會阻礙國家經濟建設的發展，數量過多又易造成結構性的非經濟因素的失業。從個人的角度來看，充足的高中、大學，可以滿足升學的需求，進而提升國民的素質

以及生活的品質，但學校為數過多在國家有限的資源下，是否能同時達到品質提升的目的，則不無疑問。因此，高中、大學設置數量的問題，是現階段教育改進的一個重要課題，今日不審慎評估，未來國家及個人都可能會因此而付出相當的代價，其重要性不言可喻。

(二) 研究目的

本研究旨在參酌先進國家規畫設置高中、大學的現況及考慮依據，並徵詢國、高中教育工作人員，及學生家長的意見，以供教育決策的參考。具體言之，本研究的目的包括四項：

　　⑴分析我國當前有關設置高中、大學的不同取向。
　　⑵探討先進國家規畫設置高中、大學的原則。
　　⑶了解教師及家長對於設置高中、大學的意見。
　　⑷研提我國設置高中、大學的規畫建議，供教育決策參考。

(三) 待答問題

為達成上述研究目的，本研究確定下列四項待答問題，以作為資料蒐集及分析的基礎：

　　⑴民間教育改革團體贊成廣設高中、大學的理念為何？行政院教育改革審議委員會反對廣設高中、大學的理念為何？教育部所持的設置理念為何？三者有無異同之處？
　　⑵先進國家規畫設置高中、大學的原則為何？有無相同之

處？有無相異之處？共同的趨勢爲何？

(3)校長、教師、以及家長是否贊同廣泛設置高中、大學？校長、教師、以及家長對於規畫設置高中、大學的其它意見爲何？

(4)校長、教師、家長是否有一致性的意見，可作爲政府規畫設置高中、大學的參考？

(四) 名詞界定

本研究在進行資料蒐集與資料分析的過程，牽涉七個重要的名詞，爲求明確起見，特依據相關規定將此四個名詞界定如下：

(1)高中：指公私立普通高中。

(2)完全中學：指國、高中兩部合併設置於同一所學校，並統一運作的公私立中學。

(3)綜合中學：指因應學生能力、性向，在同一所學校內同時提供學生普通以及職業課程之公私立中學。

(4)大學：包括公私立大學及獨立學院。

(5)綜合大學：指至少設有三個學院之一般大學。

(6)技術學院：指台灣工業技術學院、以及雲林、屏東、台北、朝陽等技術學院。

(7)師範院校：指三所師範大學及九所師範學院。

(五) 研究範圍

本研究是以廣設高中、大學爲主題，在探討高中、大學的設

置原則及意見，內容相當明確，惟在進行資料蒐集時，在資料蒐集地區以及資料蒐集對象兩方面，則確定範圍限制如下：

1.地區的限制

以台灣地區為意見調查的範圍，包括台灣省二十一縣市以及台北市、高雄市兩個院轄市。至於金門、馬祖因屬福建省，因此，並未包括在本研究的範圍之內。

2.對象的限制

以上述地區所屬公私立國中、高中校長、教師、以及學生家長為範圍。由於國中及高中校長、教師以及學生家長最關心高中、大學的設置情形，因此，本研究在蒐集資料時，以校長、教師、以及學生家長的意見為範圍。

貮 ▷▶ 文獻探討

一、民間教育改革團體對於設置高中、大學的主張

廣設高中大學，以紓解中小學升學壓力、大量培育現代化人才，是民間教育改革運動的四大訴求之一。四一〇教育改造運動發起人之一，台大數學系教授黃武雄在民國八十三年四月十日教育改造運動中，力主政府應破除限制性的計畫教育，改採開放的

策略，廣泛設置高中及大學，引起部分民間人士的共鳴，其主要
理念及具體做法分述如下：

（一）基本理念

1.廣設高中大學，紓解升學壓力

　　民間教育改革人士認為，升學是目前教育最嚴重的問題之
一。黃武雄(民 84)指出，根據調查，國中生畢業後希望就讀高中
的意願相當強烈，如教育部民國八十二年的調查資料顯示，全國
約有五成的國中在學學生畢業後擬繼續就讀普通高中，其中台北
市的國中生升普通高中的意願高達七成，遠高於台灣省與高雄
市，台灣省只有約四成五的國中生有意願升學普通高中，高雄市
約為五成三。教育部民國八十三年的調查資料顯示，國中生升學
普通高中的意願有降低的趨勢，但全國仍約有四成國中在學學生
畢業後計畫升學普通高中，其中台北市的國中生升普通高中的意
院亦達六成，遠高於台灣省的三成九與高雄市的三成二。另外，
根據聯合報(民 84)的民意調查，百分之四十的父母期望自己的子
女有大學以上的教育程度，百分之十三的父母期望自己的子女有
研究所以上的程度，而二專與五專則分別為百分之二和百分之四
(楊羽雯，民 84 年 4 月 6 日)。面對民眾如此強烈就讀高中、大學
的意願，民間教育改革人士認為政府應廣設高中、大學，以滿足
民眾的需求，紓解學生龐大的升學壓力。

2.廣設高中大學，培育現代人才

民間教育改革人士認為，在追求社會現代化，促進產業升級的今天，國家必須積極培育大量現代化的社會人才，而現代化社會人才的培養在於大學。黃武雄認為，大學畢業生比較能適應複雜的現代社會，而且現代化的社會決策由全體公民共同決定，培養更多的大學生，可以讓公民更有能力開創未來的社會遠景，因此，廣泛設置大學是政府培育社會人才的重要途徑(楊羽雯，民84年4月6日)。至於高中設置方面，民間教育改革人士認為，目前高中、職學生比例約為三比七，使得大部分學生喪失了就讀大學的競爭能力，為達到培育更多現代化社會人才的目的，應大量增加高中的學生人數，提高就讀大學的人口比率(教改會談，民84年4月7日)。

3.廣設高中大學，促進社會流動

民間教育改革人士黃武雄(民84)主張，一個現代化的社會，民眾經由努力達到向上社會流動的機會愈多。高中、大學愈多，民眾入學的機會愈高，競爭力愈強，向上社會流動的就會愈頻繁，因此，政府應廣泛設置高中及大學。另外，黃武雄認為，現代化的教育強調兒童不應因所屬族群或階級，而降低受教育的機會，而升學競爭愈激烈，對於弱勢族群及家庭社經地位較低的兒童愈不利，廣設高中、大學以降低升學競爭，有助於弱勢族群及低社經背景兒童未來的向上流動。

（二）具體做法

在高中設置方面，黃武雄認為目前我國高職學生人數過多，對於教育部計畫於十年後，將高中、職學生比較調整為五比五，黃武雄也認為高職學生比率仍偏高，應再降低高職學生比率。大學方面，黃武雄以美國青年有六成以上可以就讀大學，日本有三成可以就讀大學的比率，與我國僅有一成四的就學機會以及教育部計畫增設大學後提高為二成就學機會相比較，認為我國還有設置大學的廣大空間。

至於如何設置大學，黃武雄認為一方面要開辦社區學院，另一方面要擴充大學的數量，大學以發展學術為目標。大學每縣市可以設置一所，社區學院須更普遍，並擴及鄉鎮(教改會談，民84年4月7日)。

二、行政院教育改革委員會對於設置高中、大學的主張

調整高中與高職學生人數比例，適度增設大學，並規畫各種類型的大學，是行政院教育改革審議委員會對於設置高中、大學的主張。行政院教育改革審議委員會召集人李遠哲認為，高職應全部改為綜合高中，以增加高中學生人數，並實施免試入學，大學應規畫多元特色，發展不同特色的大學，並由學校選擇適合的學生(教改會談，民84年4月7日)。其基本理念與具體做法，分

述如下：

(一) 基本理念

1.廣設綜合高中，紓解升學壓力

行政院教育改革審議委員會(民 84)也認為，目前台灣國中學生的升學壓力相當大，為了暢通升學管道，要調高普通高中的學生人數，但增加高中學生人數的途徑，為增設綜合高中，而非增加普通高中的數量。行政院教改會(民 85)認為，增加普通高中會造成學生過早分化，減少學生自我探索的機會，也違反教育的潮流，增設綜合高中，可以同時兼顧社會的需求以及學生性向的試探。

2.增設各類大學，培育社會人才

行政院教改會(民 84)認為，既然要增加高中學生人數，大學學生人數自然也要相對地增加，否則升學壓力仍然存在。行政院教改會分析指出，目前台灣地區高等教育的學生人數，約佔十八～二十一歲人口的百分之四十五，雖低於加拿大、美國和法國，但高於英國、德國、義大利、西班牙和比利時，也高於日本和大陸。行政院教改會認為，台灣高等教育學生人數的比率已高，但是可以再高，因為整體的人口結構當中，受過高等教育的人口比率仍與先進國家有一段距離。增設大學不僅可以提高國家社會所需的技術人力，同時也增加民眾自我實現的機會。但是行

政院教改會認為，增設大學要以多元化發展為依歸，不宜增設同類型的學校，因為每個人的需要及條件都不一樣，所需要接受高等教育的類型也不一樣，也要注意避免高等教育質量失衡、高等教育經費不足、以及高級人力供需失衡等問題。因此，在增設大學的同時，要進行多元性大學發展的規畫，發展不同類別及特色的大學。

(二) 具體做法

行政院教改會(民85)經過兩年的研究與討論，對於高中、大學設置問題提出二項具體的建議，分別是發展綜合高中及發展多元大學。

1.發展綜合高中

在發展綜合高中方面，行政院教改會主張：(1)修訂高級中學法、職業學校法、以及國民教育法，並合併為學校教育法，建立以綜合高中為主幹的高級中等教育制度；(2)適度減少高職學生數，鼓勵公私立高職轉型為綜合高中，增設普通班，增加高中招生量；(3)推行以綜合高中為主的學區制，高職成為少數且精緻的技藝高中。

2.發展多元大學

行政院教改會建議各大學與學院及未來新設大學，應在教學與研究方面各自發展特色，如：(1)技術學院應發展為多元技術學

院型態或技術大學；⑵以新設或改設的方式，成立社區學院；⑶部分專科學校改制爲技術學院或社區學院；⑷空中大學改爲開放大學。

三、教育部對於設置高中、大學的主張

教育部編印的中華民國教育報告書(民 84)，對於我國高中、大學的規畫設置有政策性的宣示，也指出了我國對於高中、大學發展的方向。依據中華民國教育報告書，教育部對於高中的設置是採取彈性調整高中職學生比例的策略，大學設置是採取彈性機能的規畫策略，以適度增加高中、大學的學校數與學生人數。其基本理念及具體做法如下述：

(一) 基本理念

1.調整高中職學生比例，適應當前社會需求

教育報告書指出，高中教育以發展青年身心、研究高深學術及學習專門知能作準備、加強學生的社會適應能力、以及培育學生具備國際視野與胸襟爲目標，但國中畢業生升學就讀高職的比例，與先進國家比較，有明顯偏高的現象，而且高職畢業學生升學意願頗高，顯示有必要調整國中畢業生就讀高中、高職的比例。另外，教育部認爲，基於未來國家整體發展的人力需求，過

去高中、高職學生三比七的比例，已無法符合實際需要，加上國中畢業生擬就讀高中的意願非常強烈，高中容量不敷需要，因此，有必要依地區需要，增改設高中或適量增加班級。

2.彈性機能規畫設置大學，培育國家高級人才

教育部指出，公元兩千年，我國大學招生人數將超過八萬人，屆時大學生人數約佔同年齡層人口數的百分之二十。教育部擔心地指出，國內大學教育快速擴充的結果，一方面動搖了技職教育的體系，過多高職與專科學校畢業生致力於升學或插班大學校院，使得原本為就業市場規畫培育的技職人力流失，另一方面，由於高等教育畢業人數遽增，加上國外留學生歸國人數大增，就業市場無法吸收，形成供過於求的現象，引發「高學歷，高失業」的失調現象。教育部進一步分析指出，從國內社會經濟發展需求來看，大學的社會需求仍高。在有限的高等教育經費下，高等教育的擴充將產生排擠效應，因此，教育部對於未來大學的設置，採取彈性靈活的策略，力求兼顧整體資源的運用，社會的需求以及市場的機能。

（二）具體作法

教育部對於我國高中、大學的設置，採取多元角度、適切規畫的觀點，期望同時兼顧量與質的發展，具體作法分析如下：

1.建立多元型態的高中制度，調整高中、高職學生比例

教育部計畫未來依據地區需要，增改設高中或適量增班，以及規畫設立綜合高中與完全中學，建立多元型態的高級中學制度，將高中、高職學生人數比例，由現行的三比七調整為五比五。並積極協調省(市)教育廳(局)、縣(市)政府增改設高級中學，以便推動學區制度(吳京，民86)。

2.限制公立大學增設，並調整學校規模

教育部指出，預計至公元二千年時，我國公、私立大學校院將有八十所，由於教育經費的減縮，教育部主張由政府經費設置的公立大學數量不宜再增加，以免造成資源緊縮的壓力，並影響私立學校發展的空間。教育部也鼓勵規模過小之學校，配合未來發展特色，與其它學校合併，建立多校區之大學。此外，將評估未設大學之宜蘭縣、新竹縣、苗栗縣、嘉義市、澎湖縣、金門縣、連江縣設立大學或分部之可行性(吳京，民87)。

3.放寬私立學校設立條件，因應社會市場之需求

教育部認為為因應市場的需求，私立學校未來有更寬廣的發展空間，為鼓勵私人投資設立大學，應放寬設立的條件，使社會資源可以更有效地投入高級人才培育的行列。私人興學既可增加大學學生人數，並可減輕政府財政的負擔，因此，鼓勵私立大學的設立，是教育部未來的重要高等教育政策之一。

*4.*因應高等教育普及化，鼓勵大學積極建立特色

教育部認為，高等教育普及化之後，大學招收的學生其異質性將提高，高等教育體系為滿足不同的學生，應發展成多元特色的大學。如有的大學以基礎研究為重點，有的大學可以應用性研究為重點，有的大學可以實務人才的培育為重點，有的學校則以社區服務為重點。另外，大學增設二年制技術學系，提供大學與技職教育交流管道(吳京，民86)。

四、教育先進國家中等及高等教育機構設置趨勢

教育先進國家近年來正積極從事教育改革，其中高中、大學教育問題也是眾所注目的焦點，在高中、大學的設置方面，各國基於國情需要及條件的不同，採取不同的策略與方法，本節分析英、美、德、法、日等國規畫設置高中、大學的趨勢。

(一) 英國方面

*1.*融合綜合、完全中學型態的中等學校

英國的中等教育是以十二歲至十六歲或十八歲之國民為對象，但初、高中之間沒有明顯的界限，多屬我國所稱的完全中學型態。英國中學的類型相當多，主要包括三種，第一種稱為綜合

中學(comprehensive school)，第二種稱為上段中學(upper school)，第三種稱為第六學級學校(sixth form college)。綜合中學以招收十一歲至十六歲或十八歲的學童為主，上段中學屬於綜合中學型態的一種，以招收十三歲至十六歲或十八歲學童為主，第六級學校專門招收十六歲至十九歲的學童，是專為升學準備的學校。另外還有依據一九四四年教育法案設立，招收十一歲至十八歲學童作升學準備的文法中學(grammar school)，招收十一歲至十八歲學童作就業準備的技術中學(technical school)，以及招收十一歲至十六歲屬於義務性質的現代中學(secondary modern school)(楊瑩，民84)。目前就讀高中學生人數約佔學齡人口的百分之八十，其中絕大部分(約有九成)的學生就讀綜合中學，只有極為少數的學生就讀專門升學或就業之學校(DES, 1985)。

2.多元發展的高等教育

英國的高等教育系統主要包括四個體系，第一個體系是成人教育體系，第二個體系是教育學院體系，第三個體系是高等教育學院體系，第四個體系是大學體系。大學生的人數約佔學齡人口的百分之十一(OECD, 1995)。

(二) 美國方面

1.綜合中學為主的中等學校

美國公立中等學校的設置因各州的規定而異，但大致上整個

中等學校體系主要包括三種類型，第一種是六年一貫制中學，第二種是初、高中各三年的系統，第三種是四年制高中(張煌熙，民84)。六年一貫的中學與六年制的小學銜接，初、高中也是與六年制的小學銜接，四年制高中則與八年制的小學或四年制的中級學校銜接。不論六年一貫、三年制或四年制的中學，都是綜合中學的型態。高中學生人數約佔學齡組人口的 74%。高中畢業生升學大學的比例約為 59%。

2.多元林立的高等教育

美國高等教育機構極為普及，發展也相當多樣化。一般而言，美國的高等教育機構主要包括三種類型，分別是一般大學、初級或社區學院、以及職技學院。綜合大學大學部為四年制，初級、社區及職技學院為為二年制，後者通常屬於某些州的義務教育範圍。美國各大學間的規模差異頗大，有多至數萬人，也有少至數百人。各大學的發展重點也有相當大的差異，有的以學術研究著稱，有的以實務人才培育為重，有的以社區服務為主。另外各大學的性質也相當多樣化，有的屬於綜合大學性質，有的以某些學科領域為主，也有的屬於單科大學性質。有的稱為學院，卻十足是一所綜合大學，有的雖稱大學但卻又相當迷你。整體來看，美國的高等教育是一個多元林立的教育系統。美國不僅高等教育機構多樣化，而且幾近普及化，受過大學教育的人口約佔總人口的 24%，換言之，每四位美國人當中就有一位具有大學學位(U.S. Department of Education, 1991)。

(三) 法國方面

1.課程分流的高級中學

　　法國中等教育系統與我國現行制度相當類似，包括初級中學與高級中學兩個階段。高級中學主要分為三種體系，第一種是普通高中，第二種是高工，第三種是高職。普通高中的學生是以未來從事高深研究準備為主，就讀高工的學生是以升學後從事高級工業及技術職業為主，就讀高職的學生以取得一般技術及職業證照為主(劉賢俊，民84年5月)。高級中學學生修業年限與我國相似，都是三年，就讀普通高中的學生人數約佔80%，就讀高職的學生人數佔 20%。高級中學學生人數約佔學齡組人口的 78%(OECD, 1995)。

2.雙軌制度的高等教育

　　法國高等教育的體系配合高級中等教育系統，也是分軌設置。一般大學招收通過一般高中會考的普通高中學生。通過技術高中會考的普通高中學生，可以申請入學專業學院準備班，以便未來升學專業學院。因此，一般大學是以高深學術研究為重，專業學院則以技術及實務人才為主。同時，法國的高等教育機構也配合民眾的需要，分長期教育及短期教育兩種。受過大學教育的人口約佔總人口的30%。

（四）德國方面

1. 多軌制的中等教育

德國的中等教育是典型的多軌制度，包括初級中等教育與高級中等教育二個階段，絕大部分的中等學校為政府設立的公立學校，不收學費。初級中等教育包括普通教育與職業教育兩個體系，普通教育主要在四類學校實施，分別是主幹(體)中學、實科中學、文理中學、或綜合中學。主幹中學為五年制，但前二年為定向階段，實際課程只有三年，畢業學生通常不升學而進入職業教育領域，擔任學徒。實科中學、文理中學及綜合中學為三年制，實科中學畢業生以升學職業學校為主，文理中學畢業生以升學高級文理中學為主、升學高級職業學校為輔，綜合中學畢業生兼具升學文理高級中學、高級職業學校或專科學校，但綜合中學並未形成主流(周玉秀，民84年4月；顧忠華，民85)。高級中等教育機構種類繁多，高級文理中學、職業高中、中級專科學校、職業專科學校、以及繼續學校等。目前的高級中等學校，畢業學生升學高等教育機構的比例約為百分之百。高級文理中學及職業高中畢業以升學大學為主，中級專科學校及職業專科學校畢業生升學大學或高等專科學校，而繼續學校的畢業生升學專科學校(OECD, 1995)。

2.多軌制的高等教育

德國的高等教育配合多軌的中等教育制度，也呈現多軌的教育體系。高等教育機構主要包括三種類型：第一種為大學，包括綜合性大學、綜合性高等學校、師範大學、音樂藝術大學，以及科技大學。第二種為高等專科學校，第三種為專科學校。大學為四年制，高等專科學校為三年制，專科學校為一至三年。此外，這些高等教育機構也提供成人繼續教育課程。受過高等教育的人口約佔總人口的 10%。

（五）日本方面

1.單一、綜合並存的高中教育體系

日本的高中稱為高等學校，為三年制，主要包括三種類型的學校，第一類為普通高中，第二類為職業高中，第三類為綜合中學。目前以普通高中居多數，約佔一半，其次是綜合中學，約佔三成，其餘二成為職業學校。在學學生的人數比例，普通科學生佔 74%，職業科學生佔 26%。高中學生人數約佔學齡組人口的 92%，高中畢業生升學高等教育機構就讀的比例為 36%。

2.多元並存的高等教育體系

日本高等教育機構相當多樣化，有四年制的一般大學，有二至三年制的短期大學，相當於我國五專的高等專門學校，專科程

度的非正規學校。一般大學種類相當多，有綜合性的大學、技術大學、單科大學、教育大學等(楊思偉，民 84 年 5 月)。高等專門學校為數不多，短期大學多數規模較小，但學校數量相當多，且在學學生絕大多數是女生。非正規學校種類相當多，學校數量眾多，學生人數三十餘萬人，修業年限在一年以上。高等專門學校包括兩類：一類招收高中畢業生，修業兩年，相當於短期大學的性質；另一類開設普通課程，不限定入學資格，屬於補習教育及成人教育性質。就讀高等教育機構的學生約佔學齡組人口的 23%(OECD, 1995)。

五、高中大學設置理念的比較與各國的趨勢

民間教改團體、行政院教改會、教育部對於設置高中、大學的主張之異同，以及各國高中、大學之設置趨勢分析如下：

(一) 設置理念的比較

分析民間教改團體、行政院教改會、教育部對於設置高中、大學的看法與主張，發現有二項共同的看法，三項不同的取向，茲分述如下：

1.相同看法

(1)紓解升學壓力：三方面均力求紓解中小學學生的升學壓

力。

(2)調整高中大學：三方面均主張必須調整高中、大學的數量與類型。

2.不同看法

(1)設置目的方面：民間教改團體強調要兼顧人才培育與個人需求，行政院教改會與教育部比較偏重社會發展的需求。

(2)設置數量方面：民間教改團體主張廣泛設置高中及大學，增加高中、大學學生人數，行政院教改會主張彈性增加高中及大學的學生人數，教育部主張調整高中、高職學生人數比例為五比五。

(3)設置重點方面：民間教改團體強調應以增設普通高中及大學為主，並增設社區學院，行政院教改會力主發展綜合高中，增設非傳統性的大學、技術學院、社區學院，教育部則計畫從增設完全中學及綜合高中著手，調整高中數量，從鼓勵私人設置大學以及公立大學設置分校的途徑，逐步增加大學的數量與類型。

(二) 各國的趨勢

英、美、德、法、日等五國高級中等學校及高等教育機構設置現況，有兩項共同的趨勢、三項不同的發展策略，分述如下：

1.共同趨勢

(1)多樣化的高中大學：五個國家在高中、大學的設置類型力

面，都極具多樣化的特徵，以符應民衆需求。

⑵普遍化的高中大學：五個國家就讀高級中學的學生比例均相當高，就讀大學的學生比例及人口比例也相當高。

⑶重視成人教育體系：五個國家對在成人及繼續教育體系上，雖然不盡相同，但是成人教育系統相當龐大，入學的人數也非常多。

2.不同策略

⑴學校型態方面：英、美兩國高級中學以完全中學、綜合中學爲主流，大學以綜合性大學或學院居多，德、法、日等三國的高級中學則以普通高中爲主流，在專科、技術大學及其它短期高等教育機構的發展相當發達。

⑵學校體系方面：英、美、日三國強調多樣但單軌的高中、大學學校體系，德、法兩國則強調多樣且多軌的高中、大學的學校體系。

參▷►研究方法與實施程序

本研究目的了解先進國家規畫設置高中、大學的經驗，以及各界對於高中、大學的設置意見，以作爲政府決定教育政策的參考。爲期達成研究目的，本研究採取多種研究途徑進行。茲將研究方法與實施程序逐節加以說明：

(一) 研究方法

本研究兼採文獻分析以及問卷調查法，以蒐集、分析資料。首先經由文獻探討，分析國內設置高中、大學的不同理念，並分析其利弊得失，同時歸納先進國家在規畫設置高中、大學的原則及共同趨勢。其次依據文獻分析的結果以及研究目的，建構問卷調查的工具。接著透過問卷調查，蒐集各界對於規畫設置高中、大學的意見。最後依據相關文獻及調查意見，歸納出一致性的意見，並提出研究建議。此一過程如圖一。

(二) 概念架構

依據研究目的、待答問題及文獻探討，本研究確定高中設置調查意見以及大學設置調查意見包括：(1)設置政策、(2)學校數量、(3)學校品質、(4)學校分布、以及(5)設置需求等五方面。設置政策包括政府、行政院教改會、以及民間團體的政策訴求。學校數量包括公立學校與私立學校數量兩部分。學校品質亦包括公立學校與私立學校品質。學校分布專指地區分布情形。設置需求包括設置數量的期望、設置的策略、設置的原則、以及設置類別的優先順序等項。此一概念架構如圖二，為建構意見調查內容的依據。

圖一　研究方法關係圖

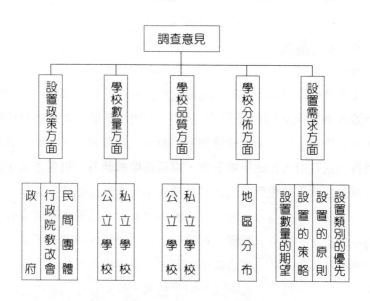

圖二　意見調查內容的概念架構

(三) 調查對象

依據研究目的，本研究意見調查的對象包括四類，第一類為國中教師，第二類為國中學生家長，第三類為高中教師，第四類為高中學生家長。第一類調查對象是以台灣地區所有公立國民中學教師為母群體，第二類調查對象是以台灣地區所有公立國民中學學生家長為母群體，第二類調查對象是以台灣地區所有公立高中教師為母群體，第四類調查對象是以台灣地區所有公立高中的學生家長為母群體。

四類樣本的選取均採分層隨機取樣的方法，先以地理區域分為北、中、南、東四層。其次以學校為單位進行叢集取樣，每層隨機抽取三所學校，計抽取十二所學校。最後再從抽取的學校中委託該校校長隨機抽取教師及家長各五十人(抽取的學校中，學校教師及學生家長人數均超過五十人)。據此，各類樣本數均為六百人。包括北、中、南、東區國中教師各一百五十人，國中學生家長各一百五十人，北、中、南、東區高中教師各一百五十人，高中學生家長各一百五十人。

(四) 調查工具

本研究依據第二節所述的概念架構，編製意見調查的工具，由於意見的蒐集係透過學校教師及學生家長來提供，因此研究者在編製調查工具時，是以編製「意見提供工具」(informant instrument)爲思考方向。確定問卷性質之後，依據意見蒐集的概念架構(請參閱圖二)編製問卷，共計編製四種問卷，分別是「高中需求意見調查問卷(校長、教師用)」、「高中需求意見調查問卷(家長用)」、「大學需求意見調查問卷(校長、教師用)」、以及「大學需求意見調查問卷(家長用)」。每種問卷均包括「調查意見」及「基本資料」兩部分，調查意見十一題，基本資料四題，共計十五題。調查意見部分，其中設置政策方面有三題、學校數量方面有一題(含二個子題)、學校品質方面有一題(含二個子題)、學校分布方面有一題，設置需求方面有五題。基本資料部分，包括居住地區、每月家庭總收入、希望子女就讀臨近地區的前三志願、希望子女就讀全國地區的前三志願等四項各一題。其中第一至十三題爲封閉性題目，十四、十五題爲半開放性題目。

(五) 調查程序

本研究在調查實施的過程，一方面考慮要確保所蒐集資料的正確性，同時也考慮確實遵守研究倫理的規範。在蒐集正確資料方面，除在信中向校長說明調查的目的及實施的過程之外，並在問卷的前言部分說明填答結果不會對作答者造成不良的影響，在問卷的填答說明部分，界定重要名詞，並說明作答方式。在研究倫理方面，遵守尊重調查對象的意願、確保調查對象的隱私、以及不危及調查對象的身心等規範。

實際實施時，採取如下步驟。於八十四年十一月十五日針對樣本學校寄出問卷資料，包括校長同意信函、調查問卷、以及回

郵信封，其中四種問卷依據樣本數均各寄出六百份。為追蹤問卷寄送情形並提高回收率，自十二月十五日起研究小組以電話向各樣本學校校長聯絡，徵求其同意代為隨機抽取學校教師接受調查，並盼代為催收。期間有一所高中以及兩所國中不同意接受調查，因此，立即再於同地區隨機選取同數量的學校，補行施測。至八十五年一月底止，共回收有效問卷 1,053 份，回收率為 53%，其中校長及教師用高中需求意見調查問卷 214 份，回收率 43%，家長用高中需求意見調查問卷 331 份，回收率 66%，校長及教師用大學需求意見調查問卷 480 份，回收率 96%，家長用大學需求意見調查問卷 478 份，回收率 96%。八十六年二月起，開始將原始資料建立電腦資料檔，並運用統計軟體作資料分析，將分析結果作為撰寫研究發現之依據。

(六) 資料處理與分析

1.資料處理

　　陸續回收的問卷編予四位數字的代碼，並將問卷各題的選項予以編碼，同時登記於編碼簿上(code book)，以供查考。其次將每份調查問卷的結果，登錄於資料表(data sheet)上，登錄完成後，輸入電腦建立檔案。為提高輸入資料的正確性，採用原始資料抽檢及次數分配核對雙重檢核的方法，各種問卷隨機抽取二十五份逐一核對的結果，並未發現錯誤情形，以 SPSS 列出各題各選項的次數分配表，結果也未發現無效的資料(invalid data)。

2.資料分析

依據研究目的，本研究資料分析的項目主要包括兩種類型：第一類為分析封閉性的題目，第二類為分析半開放性題目。前者本研究採用χ^2的百分比同質性考驗的方法，以了解調查意見的一致性與差異性，後者本研究採用內容分析的方式，將敘述性的資料根據內容性質歸類，並計算其次數。

本研究資料分析所使用的統計軟體為 SPSS PC 視窗 6.0 版。

肆▷▶研究發現

本部分依據相關文獻與調查資料，分就國內相關團體及政府的理念與主張、國外的情形和社會大眾的看法，歸納主要研究發現如下：

(一) 民間教改團體、行政院教改會、教育部高中、大學設置理念之分析

分析民間教改團體、行政院教改會、教育部對於設置高中、大學的看法與主張，發現三者之間有二項共同的看法，三項不同的取向，茲分述如下：

1.相同看法

(1)紓解升學壓力：三方面均力求紓解中小學學生的升學壓力。

(2)調整高中大學：三方面均主張必須調整高中、大學的數量與類型。

2.不同看法

(1)設置目的方面：民間教改團體強調要兼顧人才培育與個人需求，行政院教改會與教育部比較偏重社會發展的需求。

(2)設置數量方面：民間教改團體主張廣泛設置高中及大學，增加高中、大學學生人數，行政院教改會主張彈性增加高中及大學的學生人數，教育部主張調整高中、高職學生人數比例為五比五。

(3)設置重點方面：民間教改團體強調應以增設普通高中及大學為主，並增設社區學院，行政院教改會力主發展綜合高中，增設非傳統性的大學、技術學院、社區學院，教育部則計畫從增設完全中學及綜合高中著手，調整高中數量，從鼓勵私人設置大學以及公立大學設置分校的途徑，逐步增加大學的數量與類型。

(二) 教育先進國家設置高中、大學之趨勢與策略

英、美、德、法、日等五國高級中等學校及高等教育機構設置現況，有三項共同的趨勢，二項不同的發展策略，分述如下：

1.共同趨勢

(1)多樣化的高中大學：五個國家在高中、大學的設置類型方面，都極具多樣化的特徵，以符應民眾需求。

(2)普遍化的高中大學：五個國家就讀高級中學的學生比例均相當高，就讀大學的學生比例及人口比例也相當高。

(3)重視成人教育體系：五個國家對在成人及繼續教育體系上，雖然不盡相同，但是成人教育系統相當龐大，入學的人數也非常多。

2.不同策略

(1)學校型態方面：英、美兩國高級中學以完全中學、綜合中學為主流，大學以綜合性大學或學院居多，德、法、日等三國的高級中學則以普通高中為主流，在專科、技術大學及其它短期高等教育機構的發展相當發達。

(2)學校體系方面：英、美、日三國強調多樣但單軌的高中、大學學校體系，德、法兩國則強調多樣且多軌的高中、大學的學校體系。

(三) 社會大眾對於設置高中的看法

1.高中數量及品質方面

(1)多數民眾(約六成)認為現有高中的數量不足，而認為高中

不足的家長人數比例高於教師人數的比例。

(2)多數民衆(約六成五)認爲現有高中的品質大致良好或非常良好，而且以台中市、台北市這兩個都會區的民衆(接近九成)對於高中品質的評價最高。

2.高中地區分布方面

(1)民衆對於高中分布的看法相當不一致，約有五成三的民衆認爲所在地高中的分布大致適當或非常適當，四成七的民衆認爲不適當或非常不適當。

(2)台東縣及宜蘭縣二個東部縣份的民衆，大多數(超過六成)認爲高中的分布大致或非常適當，桃園縣的民衆則有超過六成的民衆認爲高中的分布不適當或非常不適當。

3.高中設置需求方面

(1)民衆對於高中設置方面，有相當高的需求。約有三成的民衆認爲應於地方廣泛設置高中，超過半數(約五成四)的民衆認爲要斟酌增設高中。

(2)在設置需求方面，最高的是台北縣，其次是屏東縣、桃園縣。

4.高中升學意願方面

(1)整體而言，多數家長(超過七成)希望子女把普通高中列爲升學的第一志願，其次把完全中學列爲第二志願，把綜合中學列爲第三志願，五專列爲第四志願，高職列爲第五志願。

(2)最希望子女以普通高中列為第一志願的家長，以台中市最高（約八成四），其次是台東縣、台中縣與屏東縣(接近八成)，再其次為台北市、高雄市、以及台南縣(約七成)，而台北縣及南投縣的比例最低(未滿五成)。而家庭收入愈高，把普通高中列為第一志願的比例也有隨之增高的趨勢。

5.高中設置政策方面

(1)大多數(約一半)的民眾認為政府設置高中時，應優先考慮學生的升學需求，其次依序為國家整體發展、地區人口密度。

(2)大多數(接近一半)的民眾認為政府設置高中時，應優先考慮設置普通高中，其次依序為完全中學、綜合中學。

(3)大多數(接近一半)的民眾認為政府應建立以普通高中為主，完全高中、綜合中學為輔的高中教育體系。

(四) 社會大眾對於設置大學的看法

1.公立大學數量方面

(1)大多數的民眾(約五成七)認為台灣地區現有公立大學的數量不甚足夠或非常不足。而台北市、高雄市、台南市、苗栗縣、台中市、台中縣及彰化縣有超過四成的民眾認為現有大學數量大致足夠或非常足夠，而台北縣、台中市、台北縣、高雄縣、宜蘭縣有超過六成的民眾認為現有大學數量不甚足夠或非常不足。

(2)大多數的教師(超過六成)認為台灣地區現有公立大學的數量大致足夠或非常足夠，相對的，僅有不到二成的家長認為台灣

地區現有公立大學的數量大致足夠或非常足夠，兩者之間的看法差距相當大。另外，收入愈高的家庭，對於現有公立大學數量的滿意情形也有相對增加的趨勢。

2.私立大學數量方面

⑴大多數的民眾(超過六成)認為台灣地區現有私立大學的數量大致足夠或非常足夠。

⑵台中市、台中縣、以及宜蘭縣有超過四成的民眾認為台灣地區現有私立大學的數量不甚足夠或非常不足。而家庭收入愈高的民眾，認為數量不足的比例有愈高的趨勢。

3.公立大學品質方面

⑴大多數的民眾(約八成一)認為台灣地區現有公立大學的品質大致良好或非常良好。

⑵台中市、台中縣、苗栗縣、以及高雄縣的民眾認為台灣地區現有公立大學的品質不甚良好或非常不良的比例較高，均達二成以上。

4.私立大學品質方面

⑴超過半數的民眾認為台灣地區現有私立大學的品質不甚良好或非常不良，但認為大致良好或非常良好的民眾也幾近一半。

⑵台北市、高雄市、台南市、以及台東縣有超過六成的民眾認為台灣地區現有私立大學的品質不甚良好或非常不良。而教師對於私立大學品質滿意的人數比例(約三成八)，遠低於家長的人

數比例(約五成四)。

5.大學地區分布方面

⑴絕大多數的民眾(約八成五)認爲台灣地區現有大學的地區分布不甚適當或非常不適當。

⑵台北縣、台北市民眾認爲台灣地區現有大學的地區分布大致適當或非常適當的比例比較高,而高雄市、高雄縣、台中縣、宜蘭縣、以及台東縣的民眾,認爲台灣地區現有大學的地區分布不甚適當或非常不適當的人數比例最高,均超過九成。

6.大學設置需求方面

⑴絕大多數的民眾(約八成二)認爲政府應酌增大學或廣設大學,其中認爲應廣設大學的民眾約有二成四。

⑵認爲政府應該廣設大學的民眾人數比例,以高雄縣的三成最高,其次是高雄市的三成,花蓮縣的二成七,台中市的二成六,以及台中縣的二成五。

7.大學升學意願方面

⑴民眾希望子女將綜合大學列爲升學第一志願的比例最高(約七成三),把師範校院列爲第二志願的比例最高,把技術學院列爲第三志願的比例最高,其它獨立學院列爲第四志願。

⑵希望子女把綜合大學列爲升學第一志願的民眾,以台北市的比例最高約八成四,其次是高雄市的八成三,再其次是花蓮縣的八成一,台東縣的七成九,以及台北縣、台中市的七成六。

(3)家庭收入在四萬元以下的家長，約有六成六的人數比例希望自己的子女將師範校院列爲第一志願。

8.大學設置政策方面

(1)認爲政府應廣設公私立大學的民衆比例約三成六，其次是放寬公立大學設立、限制私立大學設立的二成六，再其次是限制公立大學設立、放寬私立大學設立的二成一，同時限制公私立大學設立的一成六。

(2)支持政府限制公立大學設立、放寬私立大學設立的民衆，以台北市、台中縣、彰化縣、宜蘭縣、花蓮縣、以及台東縣的比例較高(超過兩成)。

伍▷►建議

依據研究發現，本研究分就調整高中與大學學生人數，建立符合世界趨勢的本土化高中與大學體系、高中設置策略，以及大學設置策略，提出建議事項如下：

(一) 積極調高高中、大學學生人數

本研究建議政府宜積極調高高中、大學學生人數，主要理由有三：

1.民間與政府的共識

研究結論發現，雖然民間教改團體、行政院教改會、以及教育部對於增設高中、大學數量的意見有相當大的差異，但是調高普通高中以及大學學生人數，以紓解升學壓力確是三方面一致的共識。

2.教育先進國家的經驗

教育先進國家的普通高中以及大學學生比例遠高於我國，觀其目的主要在提升國民的基本能力，提高國民素質，進而提高國家的競爭力，我國此刻正以提高國家競爭力為邁向二十一世紀的目標，面對先進國家的激烈競爭，更應加快腳步，迎頭趕上。

3.滿足民眾的殷切需求

民眾對於增設普通高中以及大學的期望甚高，升學意願強烈，為了滿足社會大眾的需求，政府實應盡速規畫增加普通高中及大學學生人數。

(二)建立符合世界趨勢之本土化高中、大學體系

1.建立多樣化、普及化的高中、大學體系

教育先進國家高中及大學設置現況雖不盡相同，但卻一致朝多樣化、普及化的方向發展，究其原因，主要是因為各國在不同

的歷史、文化、社會、政治、經濟條件下，仍一致認為唯有透過多樣化、普及化的途徑，才能積極發展國民潛能，提升國力。政府如要提升國家的競爭力，宜參考教育先進國家共同努力的方向，建立多樣化、普遍化的高中以及大學學校體系，並積極建立教育先進國家一致重視的成人與繼續教育體系。

2.建立以普通高中為主，完全中學、綜合高中為輔之高中體系

研究結果顯示，大多數的民眾認為，政府宜調整高中學校體系，而民眾一致希望的高中教育體系是以普通高中為主，完全高中及綜合中學為輔的學校架構。

3.建立以綜合大學為主，其它大學及獨立學院為輔的高等教育體系

研究結果顯示，大多數的民眾仍以綜合大學為子女升學的首要志願，而盱衡其它教育先進國家的發展脈動，民眾對於綜合大學的鍾愛程度，恐仍難有大的改變。

(三) 採取適量、均衡、重點輔導的高中增改設策略

1.酌增普通高中

大多數的民眾認為現有普通高中數量不足，同時認為現有普通高中的品質大致良好，因此，如基於民眾的意見，政府在設置

高中的策略上，宜把增加數量之優先順序高於品質的提升。

2.相當高比例的民眾認為所在縣市的高中分布不適當，加上政府即將推動高中、職學區制度，如果普通高中的設置無法均勻分布，在落實學區制上預期將有重大的阻力。

3.大多數民眾認為政府在規畫增設高中時，應優先考慮學生的升學需求，而部分縣市對於增設高中的需求性極為強烈，對於這些縣市，政府宜特別給予重點輔導及協助。

(四) 採取需求導向的大學增改設策略

1.增加公立大學數量，提升私立大學品質

大多數的民眾認為台灣地區現在公立大學的數量不足，品質良好；私立大學大致足夠，但品質參差不齊。研究亦顯示，民眾對於放寬公私立大學設置，放寬公立大學設置同時限制私立大學限制的比例，高於限制公立大學設立且放寬私立大學設立，以及同時限制公私立大學設立。從民眾的需求來分析，政府規畫設置公立大學宜把增加數量的優先順序高於提升品質的努力，在私立大學的設置政策上，則宜把提升品質的優先順序高於增加數量。

2.均衡設置公私立大學

絕大多數的民眾認為台灣地區大學的地區分布不適當，而部分縣市對於此種分布不均的現象極感不滿，為了滿足民眾強烈的需求，政府宜積極在大學需求特別高的縣市，進行協助及輔導增

設大學。

3.增改設綜合大學

從民眾的升學意願來看，大多數民眾希望子女就讀綜合大學，其次是師範校院、再其次是技術學院，最後是其它獨立學院。因此，積極進行綜合大學的增設或改設乃能滿足民眾的需求。

參考文獻

行政院教育改革審議委員會(民 84)。第一期諮議報告書。未出版。

行政院教育改革審議委員會(民 85)。教育改革總諮議報告書。未出版。

周玉秀(民 84 年 4 月)。德國中小學教育改革。楊深坑(會議主持人),德國中小學教育改革。邁向新世紀教育改革中小學階段專題演講,國立臺灣師範大學。

教改會談(民 84 年 4 月 7 日)。聯合報,3 版。

教育改革審議委員會對教育「中華民國教育報告書」之意見(民 84)。教改通訊,8,2。

教育部(民 84)。中華民國教育報告書。台北市:作者。

吳京(民 86)。迎接新世紀,展開新教育——教育部施政構想。資料來源:http://www.edu.tw/minister/4/idea00。

教育部郭部長回應諮議報告書(民 84)。教改通訊,14,4。

張煌熙(民 84 年 4 月)。九十年代美國聯邦的教育改革。黃炳煌(會議主持人),美國教育改革。邁向新世紀教育改革中小學階段專題演講,國立臺灣師範大學。

劉賢俊(民 84 年 5 月)。法國教育改革機構。許勝雄(會議主持人),法國教育改革。邁向新世紀教育改革中小學階段專題演講,國立臺灣師範大學。

楊正敏(民 84 年 4 月 6 日)。改善升學主義民間官方有焦點無交

集。聯合報，6版。

楊羽雯(民 84 年 4 月 6 日)。提高階級流動率，廣設高中大學影響大。聯合報，6版。

楊思偉(民 84 年 5 月)。日本臨時教育審議會的教育改革。歐用生(會議主持人)，日本教育改革。邁向新世紀教育改革中小學階段專題演講，國立臺灣師範大學。

楊瑩(民 84 年 3 月)。一九八八年後英國的教育改革。伍振(會議主持人)，英國教育改革。邁向新世紀教育改革中小學階段專題演講，國立臺灣師範大學。

顧忠華(民 85)。德國教育改革的理念與制度——以分流教育為例。行政院教育改革審議委員會委員長專題研究報告(22)。未出版。

DES (1985). *The educational system of England and Wales.* London: HMSO.

U.S. Department of Education. (1991). *Digest of education statistics.* Washington, DC: U.S. Government Printing Office.

在家自行教育的理念與策略

壹 ▷▶ 前言——打開國民教育的另一扇窗

　　一九九〇年代是一個變革的世代，全球性的革新運動接踵而來，不論在政治、經濟、文化或教育制度方面，都在跨世紀的競爭力大賽下，推陳出新、展現新貌。由於教育是提升國家競爭力之關鍵力量，因此，世界各國無不致力於推動新世紀教育改革方案，我國也不例外。

　　我國自民國五十七年實施「九年國民教育」以來，不論對於促進個人或國家社會之發展與進步，都有積極的貢獻。近年來，由於社會的快速變遷，家長為子女選擇接受適性教育的權利意識興起，保障學習權的訴求強烈，舊有體制已不足以符應民眾及社會之需求，在現行的國民教育體系中打開新的一扇窗戶，已成為全民的期待。

政府在全面推動教育改革的過程中，體察民意，遂於八十八年二月三日公布之「國民教育法」第四條修正條文中明定：「為保障學生學習權，國民教育階段得辦理非學校型態之實驗教育。」為此，盛行於歐美先進國家並由台北市率先試辦的「在家自行教育」(home schooling)方式，得以在我國獲得生存與成長的空間。政府為落實保障學習權之作為，也受到一致的喝采。惟開創伊始，篳路藍縷，允宜審慎規畫，以奠定成功的基礎。本文探討在家自行教育的重要意涵、基本理念以及實施策略，期能有助於在家自行教育的推行，為台灣的國民教育開啓另一扇窗。

貳 ▷▶ 在家自行教育的重要意涵

　　在家自行教育是指學生不到學校接受一定的課程內容和教學時間，由家長依其需要自行在家給予孩子教導的一種教育方式。在家自行教育的目的在於賦予家長教育選擇權，給予家長為子女選擇最適合其子女能力、性向及興趣之教育方式及場所之權利，以保障國民之學習權(吳清山、林天祐，民86)。

　　就一般定義來說，家長的教育選擇權僅限於義務教育階段，如在我國實施，則宜以六至十五歲之國民教育階段為限。在美國，全美五十個州及哥倫比亞特區均授權家長在義務教育階段可以申請在家自行教育，一般適用於六歲至十八歲之中小學教育階段。美國各州對於在家自行教育的規定寬嚴不一，其中三十四個

州於州政府教育法令中明文規定在家自行教育的申請資格及程序，二十九個州要求接受在家自行教育的學生必須接受定期評量，但有四十個州並不要求家長必須具備任何教學資格(Schnaiberg, 1996)。目前粗估，美國有一百二十三萬在家自行教育學生，約佔學齡人口的百分之二(Ray & HSLDA, 1997)。

在美國，最初家長替子女選擇在家自行教育的主要原因是基於宗教的理由，家長對於公立學校無法提供適當之宗教教育及心靈教育感到不滿，因此，提出在家自行教育的訴求。後來，愈來愈多的家長因為憂心公立學校校園暴力事件、教育品質低落、或學生學習壓力，而選擇在家自行教育。在佛羅里達州，由於在家自行教育的人數眾多，該州因此進行一項調查。根據佛羅里達州政府的調查，該州於一九九四～一九九五學年度家長為子女選擇在家自行教育的主要原因不是基於宗教的理由，而是家長對於公立學校的表現不滿，因此，寧願犧牲自己的時間在家教導子女(Schnaiberg, 1996)。相關研究也顯示，不同種族、性別、家庭社經背景或實施方式之在家自行教育學生，各方面均明顯優於(其中學業表現之平均等級為百分之八十四)同教育階段之學齡兒童，採用個別化教學方式，以及家長愛心、耐心、無怨無悔的付出是致使在家自行教育學生表現優異的主因(Ray & HSLDA, 1997)。

依據美國各州教育法令規定，在家自行教育之實施約可分為四種模式(Home School Legal Defense Association, 1998)：第一種為私立學校模式，第二種為家庭教師模式，第三種為公立學校契約模式，第四種為私立學校衛星教學模式，第五種為個別獨立教學模式。採用私立學校模式的州，規定在家自行教育的實施方式

及內容必須與一般私立學校一樣，教師必須具備教學能力，教學方式及內容必須接受教育行政單位之監督。採用家庭教師模式的州，對於上課天數及時數有明確的規定，但部分州要求教學者必須具備教師資格，部分州並無類似的要求。採用公立學校契約模式的州，要求學生必須具備公立學校學籍，並向學校提出在家自行教育的教學計畫，依據核准之教學計畫確實執行，對於教學者之資格並無限制。採用第四種模式的州，除了要求提出教學計畫之外，也規定教學者必須具備教學能力。採用第五種模式的州，對於教學內容及教師資格均無明確規定，惟要求家長必須確保學習者的學習結果必須符合州的教育目標。不論採用何種模式，在家自行教育之學生必須達成州教育目標，是各州的最低要求。

參 ▷► 在家自行教育的基本理念

在家自行教育與個人發展、家長教育選擇以及義務教育制度息息相關，因此，在家自行教育的理念可從此三方面進行分析。具體的理念可歸納為如下五項：

(一) 在家自行教育在增進個體的健全發展

個體的發展是指生理或心理狀況隨著年齡與經驗的增加而改變的過程與結果。在家自行教育的對象是義務教育階段的學齡兒

童及青少年，義務教育階段正是奠定個人身心發展的重要關鍵時期(吳清山、民86；林天祐，民87)，因此，在家自行教育之首要任務在於增進兒童及青少年個體的健全發展。

(二) 在家自行教育在保障個人的學習權利

學習權是指個人在所處環境中充分發展閱讀、思考、生活、以及創造能力的一種基本權利(行政院教育改革審議委員會，民85)。教育是實現學習權的具體途徑，教育制度、教育內容、教育方法、教育組織必須審慎規畫，以提供個人最適當的學習環境，以充分發展其閱讀、思考、生活、以及創造力。在家自行教育在透過制度以及組織的改變，使每一位義務教育階段之兒童及青少年得以接受最適合其性向、興趣、能力之教育。

(三) 在家自行教育在尊重家長的教育選擇權

教育選擇權是一個複雜的權力分配概念，涉及政府、學校、教師、家長的權力分配關係。目前一般所論之教育選擇權，通常是指家長或學生在義務教育階段擁有選擇接受教育場所及方式的自由與權利(吳清山、林天祐，民86；沈姍姍，民86；張德銳，民87)。教育選擇權源自於「顧客導向」的市場經濟概念，在教育體系內，學校組織在提供家長(民眾)教育服務，因此，家長自然有為子女選擇最適教育場所及方式的權利。在家自行教育的存在，提供家長更多教育選擇的機會。

(四) 在家自行教育在達成義務教育之目標

一般而言，在家自行教育以義務教育階段為範圍，因此，必須以達成義務教育目標為依歸。各國對於義務教育的界定不同，因此，學者對於義務教育目標之認定也不盡一致。就我國而言，義務教育包括國民中小學教育，因此，義務教育在培養兒童及青少年的基本能力，養成德、智、體、群、美五育均衡發展的健全國民。在家自行教育也必須以達成上述教育目標為圭臬。

(五) 在家自行教育在促進學校組織的再造

近年來政府積極實施教育改革，教育改革的核心在教學體系，而學校即為教學體系之所在，因此，學校組織必須隨著教學體系之革新進行再造。教育改革之論述也一致強調，學校組織必須不斷進行再造，才能確保教育改革的成功(吳明清，民86；Conley, 1993)。在家自行教育從現行的國民教育體制中破繭而出，對於促進國民教育學校體系之再造，有推波助瀾的功用。

肆▸► 在家自行教育的實施策略

在家自行教育的實施牽涉教育政策、教育法令、學校教育、

以及學生家長等四方面，因此，其實施策略可從此四方面來分析。

(一) 教育政策層面

教育政策是教育實施的最高指導原則，在家自行教育如無教育政策的支持與引導，則無實施之可能。教育政策層面之策略如下：

1.支持在家自行教育，奠定組織再造基礎

在家自行教育可以促使家長參與教育活動，增強教育動力，提供兒童及青少年更適性的教育，因此，必須予以政策上的支持；在家自行教育可以促進學校教育組織之再造，提高組織效能與效率，以利教育改革的遂行，因此，要在政策上予以支援。

2.規畫具體教育方案，推動在家自行教育

在家自行教育正處萌芽階段，不論政府、學校、學者、或家長都在摸索當中。但自八十八年二月三日公布國民教育法修正條文給予在家自行教育的法源之後，未來幾年勢必蓬勃發展。為了奠定成功的基礎，政府在政策上應積極規畫妥適之教育方案，以供在家自行教育者參考。

3.建立輔導評鑑制度，漸近推動教育新制

多數申請在家自行教育之家長，對於教育理論及教育方法业

無相當程度之認識，多半憑藉自己過去的學習經驗實施教學。因此，在實施之初，政府應定期輔導在家自行教育者，並進行評鑑，以引導其順利進行。建立制度之後，應授權申請者自負績效責任。

(二) 教育法令層面

法令是執行政策之依據，因此，為推動在家自行教育必須配合相關法令之訂定或修訂。教育法令層面之策略如下：

1.訂定教育相關法令，以供學校執行依據

國民教育法修正條文公布之後，有關非學校型態之教育實驗之規範並未受到重視。目前除了台北市訂有在家自行教育供學校試辦要點之外，其它縣市並未訂定相關法令，由於關心者眾，各縣市宜訂定相關法令積極推動，以免申請者不遠千里跨縣市就學，違反適性教育的良法美意。

2.預留彈性施教空間，落實在家自行教育

根據相關研究顯示，不論採取何種模式，在家自行教育學童之學習效果均明顯優於一般學生，因此，政府似無統一訂定教師資格、教育內容、教學方法之必要。另在家自行教育申請者不論在動機、家庭背景、社區環境等條件均不相同，為了使家長能配合其特定條件以提供最適切之教育活動，相關法令宜保留彈性施教之空間。

(三) 學校教育層面

在家自行教育者不論在教學資源及教學方法方面都比較缺乏，學校既為社區教育中心，應提供家長必要的協助。學校教育層面之策略如下：

1.學校行政提供資源，提供家長必要的輔助

在家自行教育學童活動空間有限，除利用社區公共空間之外，學區學校應允許其到校運用學校設施，進行教育活動。另外，在家自行教育者缺乏教具，學區學校應提供必要的教具，協助其有效教學。學校如舉辦教育相關活動，也應通知在家自行教育者，使其參與，以豐富學習內容。相關資源的提供應由政府編列預算支付。

2.學校教師熱心參與，提升家長教學素養

申請在家自行教育之家長，在教學方面多半愛心有餘但力有不足，因此，在教學之初通常會經歷一段嘗試錯誤期。為縮短或消除無謂的嘗試錯誤，學校教師應在開學之初先行輔導在家自行教育家長的教學實務，並在實際實施過程當中給予必要之輔導與協助。政府對於熱心參與之教師應優予獎勵。

(四) 學生家長層面

學生家長是在家自行教育的實際執行者，其觀念及執行過程是否正確影響實施成效甚鉅，必須予以關切。學生家長層面之策略如下：

1.妥適安排進修計畫，持續提升教學知能

家長雖然忙於教學設計與教學實施，但對於自己的要求應與一般教師無異，才能使子女受惠。一般教師必須不斷參與進修活動，以提升教學效能，在家自行教育之家長也應熟練教材內容擬定系統的研究進修計畫，不宜頭痛醫頭腳痛醫腳，做到整體提升教學知能之目標。

2.評估自身時間能力，確定親身施教時程

理論上，在家自行教育可以適用於義務教育階段的任一階段，但基於家長個人的經濟、能力等考慮，可能無法於義務教育階段全程施教。為此，在家自行教育之家長宜先評估子女預定返回學校就讀之時程，並預做準備，以確保子女屆時能順利銜接。

3.配合子女身心特性，妥適擬定教學計畫

在家自行教育的重要優點之一，在於能落實實施個別化教學。個別化教學效果通常高於團體教學，但是也容易因此而高估了兒童的學習能力。為了避免揠苗助長，家長在教學設計時，宜

盡量充實活動內容，並在評估子女確實掌握基本概念之後，再考慮加深學習內容。

4.家長定期聚會討論，共同分享施教心得

在家自行教育經驗尚淺，家長宜定期互相分享教學過程及教學心得，並留下檔案記錄，以求不斷的改進。分享及記錄檔案宜包括教學內容、教學方法、教學進度、教學成果等方面的正向及負向的資訊。不論正向或負向的資訊，均可做為檢討改進的依據。

伍 ▷▶結語──在家在校學生學習一樣好

教育事業經緯萬端，國民教育尤為關鍵。萌芽中的在家自行教育理念與實務，已然開啟我國國民教育改革的另一大道。如能掌握在家自行教育的理念，並採取有效的實施策略，必能使所有學童在家在校都能快樂有效地學習。

展望未來，我們的國民教育將會更多元、更開放、更活潑、更卓越，屆時學生也將在更優質的學習環境中就學。這些更有活力、更具競爭力之國民，將打造我們夢幻的未來。

參考文獻

行政院教育改革審議委員會(民 85)。行政院教育改革審議委員會第三期諮議報告書。台北市：作者。

吳明清(民 86)。學校再造的理念與策略。教育資料與研究，*19*，6-10。

吳清山(民 86)。初等教育。台北市：五南。

吳清山、林天祐(民 86)。在家自行教育。教育資料與研究，*16*，84。

吳清山、林天祐(民 86)。教育選擇權。教育資料與研究，*16*，82。

沈姍姍(民 86)。自家長教育選擇權看教育機會均等。教育資料與研究，*21*，8-10。

林天祐(民 87)。初等教育改革課題之分析。教育資料集刊，*23*，79-106。

張德銳(民 87)。學校選擇的實施經驗與啓示——以美國爲例。教育政策論壇，*1*(1)，86-101。

Conley, D. T. (1993). *Roadmap to restructuring: Policies, practices and the emerging visions of schooling.* Eugene, OR: University of Oregon, ERIC Clearinghouse of Educational Management.

Home School Legal Defense Association. (1998). *Home school across the States* [On-line]. Available: http://www.hslda.org/central/states

Ray, B. D., & HSLDA (1997). *Home school statistics and report* [On-line]. Available://www.hslda.org/central/statsandreports/ray1997/index.stm

Schnaiberg, L. (1996). *Staying home from school* [On-line]. Available: http://www.edweek.org/ew/vol-15/38home.h15

教育行政革新

美國一九九〇年代「標準本位」的教育政策

一九八〇年代以來,美國全國性的教育政策有相當大的轉變,此一轉變主要受到三方面的影響,包括雷根(Ronald Reagan)總統的「五Ds」教育政策、州政府對教育政策的重視、以及一連串教育研究報告的衝擊(Farrar, 1990)。

壹▷►一九八〇年代的教育政策導向 ──追求卓越

雷根上任之後,主張廢除(disestablish)聯邦教育部,取消(de-regulate)聯邦資助的教育方案,將聯邦的教育權責下放(decentra-lize)到州政府及地方學區,降低(de-emphasize)教育在聯邦施政的優先性,以及減少(diminish)聯邦的教育預算。雖然聯邦教育部一直沒有廢除,但其餘的主張削弱了聯邦政府的教育決策權。

由於聯邦政府抽退教育事務，各州不得不積極參與教育事務。另外，由於各州的教育支出相當龐大(根據 McDonnel 與 Fuhrman 一九八三年的報告，各州教育預算平均約佔州政府總預算的四分之一)，州政府及州議會也興起教育主導權的念頭。同時，美國企業界在發現可用人力的數量與素質正逐年降低之後，為顧及未來的企業發展，開始關心並參與教育決策。從此，美國的教育政策正式步入州政府、州議會與企業界聯手決定的時代。

　　此外，美國全國性委員會的報告以及各種基金會的研究結果，對於教育政策的訂定，也有極其深遠的影響。如「全國卓越教育委員會」(National Commission on Excellence in Education，簡稱 NCEE)一九八三年出版的「危機中的國家」(A National at Risk)，「聯邦教育委員會」(Education Commission of States)在一九八三年所發表的「卓越的行動」(Action for Excellence)，「二十世紀基金」(The Twentieth Century Fund)一九八三年的報告「做好成績」(Making the Grade)，以及「國家科學委員會」(National Science Board)一九八三年的研究報告「二十一世紀國民的教育」(Educating Americans for the 21st Century)一致指出美國中小學學生教育素質的降低，已到了不可忽視的地步。在這些研究報告的衝擊之下，啟動了美國「追求卓越」的教育政策，而聯邦政府對於中小學教育經費的投入，也從原來的逐步減縮轉變為穩定成長狀態。

貳 ▷►一九九〇年代的教育政策導向
──標準本位

　　一九九〇年代美國教育政策的重點，除繼續追求卓越的教育之外，同時注意如何在追求卓越時能同時確保均等的教育機會，但追求卓越的呼聲及行動遠高於提供均等的教育機會。布希(George Bush)總統於一九九一年提出的「邁向公元二千年的美國教育策略」(America 2000: An Education Strategy)，以及後來接任的克林頓(Bill Clinton)於一九九四年簽署生效的「邁向公元二千年美國教育法案」(Goals 2000: Educate America Act)，再度建立聯邦教育部主導全國教育政策的地位，而後者更是形成標準本位教育政策的原動力。該法第一〇二節授權聯邦政府編列預算補助各州提升中小學英文、數學、科學、外文、公民、經濟學、藝術、歷史、地理等學科的學業標準。同年修正通過的「初等及中等教育法案」(Elementary and Secondary Education Act，簡稱 ESEA)，又稱「一九九四年改進美國學校法案」(Improving America's Schools Act of 1994，簡稱 IASA)的第一〇〇一節明確指出，各州要訂定具有「挑戰性(challenging)」的「學習內容標準(content standards)」以及「學業表現標準(performance standards)」，以作為學生學習的依據，並授權聯邦政府編列一百億美元補助各州及地方學區，協助其提升學生學業標準。IASA 並要求各州必須於一九九七～一九九八學年度前，完成各該州各類學科內容標準或採用

他州的標準，以便於一九九七～一九九八學年度全面實施標準本位的教育(U. S. Department of Education, 1996)。從此，高期望、高學業標準的「標準本位」教育政策逐漸獲得共識，並在全國積極展開。

三 ▷► 標準本位的內涵──學習內容標準、學業表現標準

　　標準本位的標準是指課程、教學、學校及學生表現的評估，以及教師專業成長等所有活動的依據，標準本位即是這些教育活動均以上述的標準為核心(Wheelock, 1995)。具體來說，所謂的標準包括前節提到的兩類標準(註一)：第一類稱為學習內容標準，第二類稱為學業表現標準。

　　學科內容標準包括兩項，第一項是所有學生必須知道的學科知識內容(即學習內容)，第二項是學生習得這些內容的學習能力(即學習方法)(Wheelock, 1995; U. S. Department of Education, 1996)。根據「美國教育目標研究小組」(National Education Goals Panel)建議，學科內容標準必須具有前瞻性(visionary)、植基於統整的核心概念上、兼顧內容及方法、容易了解及評估，以及適用於所有學生。整體而言，這些標準要有世界級的水準。

註一：原來包括學習內容、學業表現、以及學習機會(opportunity-to-learn)三類標準，1996 年美國聯邦教育部已刪除學習機會標準。

學業表現標準是指評估學生了解學科知識內容的程度，以及學生應用習得知識的熟練程度的具體指標，這些指標依學生了解的程度以及應用的熟練度，分成不同的等級，以作為教師教學的依據。教師依據學生的能力，設計適切的學習活動，以充分習得某一單元或概念，並逐步提高學生學業表現標準，最後達到最高的學業學習標準。

以下是美國德拉威州(Delaware)閱讀學科的學科內容標準以及學業表現標準實例：

德拉威州閱讀學科的學科內容標準以及學業表現標準

✓ 閱讀學科的學科內容標準：學生透過聽、讀、查的過程，能建構、探究、應用文學的涵義以及語詞的意義與結構。以一位五年級的學生為例，如必須讀完一篇文章的一整節，並回答各類相關的問題。

✓ 學業表現標準：以下類五項為基準評估學生的答案，以判斷學生的學業表現是否符合或超越此一基準：

● 正確摘述文章的內容、情節。

● 正確判斷此一文章的文體，並能加以申論。

● 正確指出並解釋文章中重要詞句的用法。

● 能以具體事例來回答問題。

● 能將文章中的概念與日常生活經驗及其它文章相呼應，且能評價此一文章的優劣。

雖然一九九四年「邁向公元二千年美國教育法案」以及IASA使標準本位成為全國性的教育政策，但遠在一九八○年代追求卓越的教育政策推動之時，部分的州已開始著手訂定挑戰性的學科內容標準。在一九八七年，加州已訂定語文及數學科的學科內容

標準，隨後馬里蘭、威斯康辛、南卡羅來納等州相繼訂定。至一九九二年，全美已有四十五個州開始研訂主要學科的學科內容標準。在「全國教育標準及測驗委員會(National Council on Education Standards and Testing, 1992)」的研究建議之下，聯邦政府正式經費補助這些州持續發展學科內容標準。目前除各州正如火如荼地訂定學習內容標準及學業表現標準外，聯邦政府、基金會、教育性期刊、以及研究單位，亦投入了大量的人力及財力，並已有具體的成果。部分比較前衛的地方學區也自行發展高的教育標準，如紐約州尼亞加拉市(Niagara City)之追求卓越的標準(Standards for Excellence)，以及北卡羅來納州夏烈—麥肯堡(Charlotte-Mecklenburg)的高學業表現標準。

肄 ▷► 標準的標準

標準的訂定是一個極為複雜的過程，各州在訂定標準時，參考美國教師聯合會(American Federation of Teachers，簡稱 AFT)、基本教育研究委員會(Council on Basic Education，簡稱 CBE)、聯邦學校事務主管委員會(Council of Chief State School Officers，簡稱CCSSO)、以及視導與課程發展學會(Association for Supervision and Curriculum Development,簡稱ASCD)的建議，遵循下列十項基本原則：(1)標準必須以學業為中心；(2)標準必須具地方特色且具挑戰性；(3)標準必須植基於統整的核心知識；(4)標準的指標必須

是大家共同認可的；⑸標準訂定過程須兼顧不同的意見；⑹標準必須正確及完善；⑺標準必須清楚易懂且具實用性；⑻標準必須具有評估的功能；⑼標準必須有適度的彈性；⑽標準必須能助益於學生的適切發展。

雖然這些原則相當明確，但是在實際訂定標準的過程中，卻遭到相當多的困擾。首先，對於「什麼才算是標準？」即是一個見仁見智的問題，除了「美國國家數學教育委員會」(National Council of Teachers of Mathematics，簡稱 NCTM)所提出的數學科學習內容標準廣泛地被各州使用外，其餘的學科迄今尚未有一致的標準可循。因此，在研訂學科內容標準時，各起草委員必須不斷去思考下面幾個問題：⑴所訂的標準是否能清楚地顯示預定要學生學習的內容？⑵整個社會或社區是否認同這些標準？⑶教師是否認為這些標準對於教學有幫助？⑷根據這些標準，學生是否了解自己所應學習的重點？⑸家長是否知道如何協助自己的子女學習，以及如何協助學校達成這些標準？⑹教師是否知道有哪些資源可以協助其達成這些標準？⑺如何評估學生學習的進步情形，以及達成標準的情形？

在擬訂學業表現標準時，也有類似的困擾。哪些是大家公認的表現標準？不同內容以及不同階段的學習內容，要各分為多少或哪些等級？符合表現標準的具體事實要如何認定？評估學業表現的方法及途徑為何？如何區分不同的等級？這些都是在擬訂表現標準的過程中，必須去克服的。由於這些困擾的阻礙，雖然全國及各州投注的心力相當多，但進度卻相當地緩慢。

伍 ▷ ► 發展標準的九大策略

美國政策研究教育協會(The Consortium for Policy Research Education，簡稱CPRE)在一九九三年的簡訊中，曾針對學科內容標準訂定的困擾，提出九項因應的建議：

1.深入了解及分析各學科的知識內容及架構，是擬定學科內容標準的第一步。依據分析的結果，可以從中擬定基本的、以及重要的學科內容標準。

2.發展標準的過程可以學者、專家的意見為主，再廣泛徵詢社會大眾以及教師的意見，以避免因意見過於分歧而無從下手。

3.發展學科內容標準不是一蹴可幾，必須經過長時間的溝通、研究、評估、改進，才能訂定出完整而有效的標準。

4.不宜統一訂定相同的模式，套用到不同的學科領域。不同的學科應依據學科本身的特性，使用不同形式的標準。

5.擬定標準的組織必須進行跨學科間的整合，以發展出統整性的標準。推動學科專家之間不斷的接觸及對話，是促進學科整合的有效途徑之一。

6.在擬定標準的過程中，學科內容標準的概括程度如何？是一個重要的課題。一般而言，以留給學校及教師足夠的彈性空間，為考慮的依據。

7.必須依據教育專業的判斷訂定學科內容標準，盡量排除非

專業因素的干預。一個多方妥協之下的標準，往往會因為失去應有的堅持及精神，而種下敗因。

8.發展學科內容標準的過程，可以作為不斷提升教育人員專業能力的基礎。由於廣泛的接觸及參與訂定標準，使得教育人員有機會吸收新的觀念與知識。

9.發展出來的學科內容標準必須具有相當的持久性，但也必須定期不斷地修正。修正的間隔不宜過於短暫，以免學校及教師無所適從。

陸▷►標準本位──美國跨世紀的教育政策

在聯邦政府的支持之下，美國各州以及地方學區目前正熱中於發展、訂定高標準的中小學學生的學習內容。一九九六年三月在紐約州巴里莎(Palisades)舉行的全美教育高峰會議中各州州長聯合宣示，各州要在兩年之內建立起具有競爭力的教育標準，標準本位已成為美國邁向二十一世紀的重要教育政策。

Consortium for Policy Research Education (1993). *Developing content standards: Creating process for change* [On-line]. Available: http://www.ed. gov/pubs/CPRE/rb 10stan.

Education Commission of the States (1983). *Action for excellence: A comprehensive plan to improve our nation's schools.* Denver: Author.

Farrar, E. (1990). Reflections on the first wave of reform: Recordering America's educational priorities. In S. L. Jacobson & J. A. Conway (Eds.), *Educational leadership in an age of reform* (pp. 5-6). New York: Longman.

McDonnell, L., & Fuhrman, S. (1983). The political context of school reform. In V. Mueller, & M. McKeown (Eds.), *The financial, legal and political aspects of State reform of elementary and secondary education* (pp. 43-64). Cambridge, MA: Ballinger.

National Commission on Excellence in Education (1983). *A nation at risk: The imperative for educational reform.* Washington, DC: U. S. Government Printing Office.

National Council on Education Standards and Testing (1992). *Raising standards for American education.* Washington, DC: Author.

National Science Board (1983). *Educating Americans for the 21st century.* Washington, DC: National Science Foundation.

Twentieth Century Fund (1983). *Making the grade: Report of the Twentieth Century Fund task force on federal elementary and secondary education policy.* New York: Author.

U. S. Department of Education (1996, Spring). *Improving America's schools: A newsletter on issues in school reform.* Washington, DC: Author.

Wheellock, A. (1995). *Standard-based reform: What does it mean for the middle grades?* [On-line]. Available: http://ra.terc.edu/cia/ standards/standard-reform.

制度篇

制度革新

新世紀國民中小學校長任用制度之探討

壹 ▷► 前言

　　隨著教育改革步調的提高，相關教育法規相繼修訂，加上教師以及家長對於學校的期待改變，中小學校長所扮演的角色也相對步入轉型的階段。大致來說，教育先進國家已將中小學校長定位爲引領學校教育改革(improvement)的發動機，協同教職員、家長、學生共同致力於學校本位的教育改革工作。由於校長角色的轉變，過去之校長任用方式必須調整因應，以便有效帶領學校社群走入教育改革的大道。

　　我國八十八年二月三日修正公布之「國民教育法」修正條文第九條規定：國民中小學校長(附屬學校除外)由縣市政府組織遴選委員會遴選產生，並規定遴選委員中家長會代表之比例不得少於五分之一，實爲國內教育改革運動下的一項重大教育變革。此

一與過去國民中小學校長由政府派任大相逕庭之新制，能否開創新世紀國民教育新局，值得吾人寄予無限的關切。

貳 ▷▶ 校長任用的模式

校長任用模式甚眾，以下介紹三種比較具有代表性者，包括行政單位遴派、專責單位遴選報聘、學校單位遴選報聘等模式。

1.行政單位遴派

是指由相關行政單位主管就合格人員中，直接遴選派任中小學校長職務。日本、大陸以及我國舊制均屬於此種模式，此種模式下所任用的校長比較容易貫徹上級的政策。

2.專責單位遴選報聘

是指由相關行政單位公開徵求具有資格及必要條件的人員，由具備資格及條件者提出申請，經相關行政單位組成之遴選委員會(多數全部由教育行政人員組成，部分有校長及教師代表參與)審查、晤談申請人員之後，遴選出最佳人選報請行政單位主管聘任之。在遴選過程中，相關學校教師及學生家長可以列席表達意見。目前美國大多數學區採用此一模式，我國國民中小學校長任用新制大體上也採用此一模式之精神。此一模式理論上可以兼顧政策的貫徹及學校之需求性。

3.學校單位遴選報聘

是指由學校提出徵求計畫報請相關行政單位核准後，組成遴選委員會(通常包括家長、行政人員、教師代表)公開徵求具備資格及必要條件之人員，由具備資格及條件者提出申請或由相關行政單位推薦，經遴選委員會審查、晤談申請人員之後，遴選出最佳人選報請行政單位核准後聘任之。採用此種模式的國家以英國為代表，美國部分積極推動學校本位管理的州，如加州、紐約州等州的部分學校也採用此種模式。此一模式目的在透過學校自主的機制，激發創意及團隊意識，促進學校永續革新。

就任用模式而言，我國國民中小學校長任用新制介於政府派任與學校遴選之間，屬中庸策略。

參▷► 校長任用的規準

校長任用在實際運作過程雖有模式上的不同，但在任用規準方面卻有以下理論上的一致性：

1.卓越

任一任用模式都希望能發掘卓越的校長，以貫徹教改政策並啟動學校教育改革的樞紐。此一規準主要牽涉校長候選人本身的才能，以及任用過程的客觀、有效性。

2.適配

每一任用模式均期望從眾多校長候選人當中，找出最適合個別學校需求的人選，以強化學校優點、減少學校弱點，使學校能在動機最強、阻力最小的情況下，發展學校特色。此一規準主要牽涉到遴用委員代表性、候選人特質以及學校需求分析。

3.公平

所有任用模式均強調任用過程的公平性，杜絕一切關說、私心。此一規準主要牽涉到遴用委員人格特質以及遴用過程之明確性。

4.有效

三種任用模式均企圖在任用過程中，有效辨識校長候選人所具備的知能與潛力，以遴任最適合某特定學校的最優秀人才。此一規準主要牽涉到遴用委員的專業判斷力以及據以判斷的資訊與時間。

5.效率

各個任用模式都希望在最短時間之內，完成遴用作業，以利校務的推展。此一規準牽涉到遴用程序之複雜性以及遴用過程之輔助工具。

肆▷►影響任用效用的因素

從任用規準的角度來看，影響任用效用(effectiveness)的主要因素計有十二項，包括校長候選人、遴用委員、遴用過程、遴用程序、以及相關輔助工具等方面，詳如表一。

表一　影響任用效用之十二項因素

規準	卓越	適配	公平	有效	效率
影響因素	1.校長候選人素質。 2.遴用過程客觀、有效性。	3.校長候選人人格特質。 4.學校特性。 5.遴用委員代表性。	6.遴用委員的人格特質。 7.遴用過程之明確性。	8.遴用委員專業判斷力。 9.可供判斷之資訊。 10.可供判斷之時間。	11.遴用程序之複雜度。 12.遴用過程之輔助工具。

伍▷►校長遴選新制的未來課題──代結語

我國國民中小學校長任用新制伊始，允宜審慎思考，以規畫適切、有效及可行之制度。從影響任用效用的因素來看，未來參與國民中小學校長遴用制度規畫及執行校長遴選事宜之委員宜審

慎考慮以下五個課題：

*1.*校長候選人方面

以開放的態度，積極尋求新世紀之優秀人力，可考慮：⑴不以縣市為界限，⑵產學合作培育人力，⑶申請與推薦並重。

*2.*遴選委員方面

兼顧專業性、代表性、以及人格特質，可考慮：⑴訂定遴選委員資格，⑵明定遴選委員員額分配，⑶實施遴選委員專業講習。

*3.*遴選過程方面

以客觀性、有效性、效率性作為遴選設計之圭臬，可考慮：⑴明確公告出缺學校校長之工作要求、所需具備之特定條件及其原因，⑵公告校長遴選的詳細過程及程序，⑶建立遴選流程品管系統以提高運作品質，⑷建立遴選資訊系統以增進運作效能與效率。

我國師資培育機構之組織與行政研究

　　我國師資培育組織始於清光緒二十三年(1897 年)所創建的南洋公學的師範院，該學院分上、下兩院，分別培育中小學師資(陳伯璋，民 80)。百年來，歷經六次重大變革(黃政傑，民 80)，目前已進入多元開放的嶄新發展階段。回顧我國師資培育百年發展歷史，雖然在培育組織及行政措施方面迭有變更，但其朝向組織健全化、行政制度化的努力卻從未間斷。展望多變的二十一世紀，我國在多元師資培育政策下的組織及行政，應如何因應調整，以提升師資培育品質，將是一個重要的課題。本文旨在透過歷史的回顧了解我國師資培育的經驗，並分析當前師資培育組織與行政的現況，再根據我國國情及世界先進國家的經驗，提出改進建議，以供教育決策參考。

壹 ▷► 歷史的回顧

我國自南洋公學設置師範院以來，至民國八十三年公布「師資培育法」前，雖然在師資培育組織及行政上迭有變更，但究其發展，師資培育組織大體以「師範教育」體系為主，師資培育行政則以「國家負責」、「公費培育」、「中小學分流培育」、「提高師資學歷」為原則，其主要發展如下(林本，民 69；陳伯璋，民 80；黃政傑，民 80)：

(一) 清末時期的師範學堂體系

清末除南洋學堂設置的師範院之外，其後京師大學堂也設置師範齋(後稱師範館)。光緒二十八及二十九年先後頒布的新學制，正式規定各級政府設置師範學堂，優級師範學堂、初級師範學堂等師資培育組織，便成為我國師範教育體系的先驅。優級師範學堂及初級師範學堂學生就學以受領國家公費為主，公費畢業生視其就讀類科，必須服務四至六年。另外，還設置實業教員講習所，培育職業科目師資。

(二) 民國初年師範學校體系

　　民國建立之後，國民政府把優級師範學堂改為國立高等師範學校，培育中學師資；初級師範學堂改為省立師範學校，培育小學師資。師範學校系統包括全公費、半公費、以及自費生，畢業生依據享有公費待遇的多寡服務一定的年限。其中國立高等師範學校的「選科」，以及省立師範學校的「第二部」，均屬為補充教師不足所開設的另類師資培育組織，可說是現制「學士後師資班」的濫觴。而實業教員講習所也改為實業教員養成所。

(三) 民國十一年的開放體系

　　民國十一年公布的新學制，在師資培育方面採開放的政策，主要的培育組織包括培育中學師資的師範大學及一般大學教育科，以及培育小學師資的師範學校、高級中學師範科、師範講習科等。因為經費的困難，師範生一律自費，也無服務年資的限制。整體來說，本時期的師資培育組織為多元、開放下的產物，其中一般大學教育科及高級中學師範科，與現制的多元師資培育制度，在精神上有許多雷同之處。本期培育中學師資的單位已提升至大學程度，唯新制並無職業科目師資培育組織。

(四) 全國統一後的師範教育體系

北伐成功全國統一之後，學者開始倡議恢復公辦師範教育，國民政府遂於民國二十一年頒布師範學校法，將師範學校與普通高中分開，恢復獨立的師範學校教育體系，但師大與一般大學及其它教育院系仍並存。此時期的師資培育組織，包括高級師範教育以及初級師範教育系統，前者培育中學師資，後者培育小學師資。高級師範教育系統包括師範大學、一般大學教育院系，另為配合師資需求，亦設置師範大學專修科、鄉村師範學院及專修科師資訓練班。初級師範教育系統包括師範學校、鄉村師範學校、簡易師範學校。師範學校為小學師資的主要培育單位，設有附屬小學；鄉村師範學校以培育鄉村小學師資為目的；簡易師範學校，以培育師資不足地區之小學師資為主。本期師範生尚未恢復公費制度，但學費及膳食費已全部或部分免費，並有服務年限的規定。師資培育組織以正規的師範大學及學校為主，而輔以變通性的專修科與簡易、鄉村師範學校。

(五) 抗戰時期的師範院校體系

自民國二十六年起，我國進入全面對日抗戰時期，政府一面抗戰一面進行建設。抗戰時期的師資培育組織仍維持高級及初級師範教育系統，但兩級師資培育系統均改為獨立的師範教育體系，其中高級師範教育系統改由獨立師範學院或大學師範學院培

育中學師資；初級師範教育系統仍維持前期的師範學校體系，培育小學師資。本時期的師範生又恢復公費待遇，由政府全額補助，也有服務年限的規定，也奠下了政府遷台後的師範教育體系。

(六) 政府遷台以後的師範及教育院系體系

民國三十八年政府遷台之後，我國師資培育系統進入全盛時期，除維持師範院校負責公費培育中小學師資外，期間政治大學教育系以及台灣教育學院參與部分公、自費師資培育行列，形成「教育院系」的另類師資培育系統。民國六十八年「師範教育法」公布之後，公立大學設有教育學院或教育學系亦可培育師資，民國七十五年起師範院校陸續辦理學士後教育專業班，補充培育中小學師資，我國師資培育的組織愈趨多元化。本時期的中、小學師資仍由不同師資培育系統負責培育，中學師資由台灣師範大學、高雄師範學院、台灣教育學院及政治大學教育系負責培育，小學師資由師範學校負責培育，隨後，高雄師範學院及彰化教育學院陸續改制為國立師範大學，師範學校則先改制為師範專科學校、後改制為師範學院，至此，我國中小學師資均達到大學以上程度。而在民國七十八年，九所師範學院除台北市立師範學院外，全部改隸國立，師範院校系統更形完整。本時期師資培育單位畢(結)業的公費生，由政府分發學校實習，實習期滿後直接辦理教師登記，成為正式合格教師，並依規定服務一定的年限。大體而言，本時期的師資培育是以公辦、公費以及師範院校

為主，自費及教育院系為輔。

(七) 民國八十三年多元開放的師資培育體系

民國八十三年，立法院三讀通過「師資培育法」，規定：(1)中小學師資由師範校院、設有教育院、系、所或教育學程之大學實施，(2)教師資格的取得分為初檢及複檢兩個階段，(3)師資培育以自費為主，公費及助學金為輔。從此，我國中小學師資培育體系中，增加開設教育學程之一般大學，使得師資培育系統日趨龐大、多元化，而公費名額減少之後，自費生因不再由政府分發實習，因此，師資培育系統有朝向市場導向的傾向。

貳 ▷► 現況分析與討論

師資培育法公布實施後，我國師資培育體系主要包括四個系統，分別是師範校院一般學系，設有教育院、系、所之一般大學，設有教育學程之一般大學，學士後教育學分班，由於目前學士後教育學分班由師範校院進修部負責，因此，整體而言，我國現行師資培育機構可歸納為兩大類，即師範院校以及設有教育院、系、所或教育學程之一般大學。但師資培育機構的形式及內容仍必須受到有關教育部的審議及評鑑，因此，在分析師資培育機構的組織與行政之前，有必要先了解教育部師資培育的規畫與

審議、評鑑組織。以下分就師資培育的規畫與審議、師範校院、設有教育院系所之一般大學等三方面，進行分析與討論。

(一) 規畫與審議組織方面

我國現行師資培育教育行政組織主要包括教育部中等教育司以及師資培育審議委員會，其組織及行政運作問題如下：

1.師資培育教育行政組織作業困難

我國現行師資培育體系規畫與審議的行政運作，主要由教育部中等教育司負責。教育部中等教育司實際負責師資培育的單位為第二科，全科僅五人，人員不足，加上師資培育機構包括一般大學，不僅為數眾多而且跨越高等教育司等單位，加上中等教育司必須負責中等教育業務，因此在行政作業上相當困難。

2.師資培育審議組織工作負荷繁重

教育部有鑑於本身在師資培育行政組織的缺乏，因此，在師資培育法施行細則第十四條規定：教育部得組成委員會以審議師資培育法所定有關師資培育事項，據此教育部訂定「教育部師資培育審議委員會設置要點」，並成立師資培育審議委員會。師資培育審議委員會的主要任務，在於審議師資培育的計畫及發展方向、師範校院系所之設立及變更、一般大學教育院系所及教育學程之設置，以及師資培育之輔導、評鑑、政策之研究諮詢等，因此，舉凡師資培育之規畫、審議、評鑑等事項，均屬師資培育審

議委員會的權責範圍。

　　師資培育審議委員會的組織包括主任委員、委員、執行秘書、及其它工作人員組成，每三個月舉行一次會議。師資培育審議委員會依規定置委員十九至二十三人，包括學者專家若干人以及其它相關人員，任期兩年均屬兼任。

　　從組織與行政的觀點來看，師資培育審議委員會屬於任務編組性質，對於日益龐大的師資培育系統能否做整體、有效的規畫及審議，值得深思。

(二) 師範校院方面

　　我國現行師範校院系統包括三所師範大學、九所師範學院，分別是國立台灣師範大學、國立高雄師範大學、國立彰化師範大學等三所師範大學，國立台北師範學院、國立新竹師範學院、國立台中師範學院、國立嘉義師範學院、國立台南師範學院、國立屏東師範學院、國立台東師範學院、國立花蓮師範學院以及台北市立師範學院等九所師範學院。其組織及行政運作現況分析如下（方德隆，民 85；毛連等人，民 83；吳清山等人，民 86；沈翠蓮，民 86；黃榮村，民 84；劉源俊，民 85）：

1.師範大學各學系為文理導向

　　我國現行三所師範大學所設置的學系大致以中學所需師資類科為依據，整體來看，以培育中學師資為主的師範大學設有教育學系、心理與輔導學系、國文學系、英語學系、數學學系、生物

學系、體育學系、美術學系、音樂學系……等不同學系。從現有學系分析，大體以人文以及理學爲主，缺乏工業、商業、管理、社會學、法學、哲學等方面的學院或學系，較難提供整合性的學習課程，以培育學生面對日漸複雜的中學主、客觀環境。

2.師範學院各學系為分科導向

以培育小學師資爲主的各師範學院設有初等教育學系、語文教育學系、數理教育學系、社會科教育學系、體育教育學系、特殊教育學系、音樂教育學系、美勞教育學系、幼兒教育學系等學系。從系別分析，師範學院仍以教育領域爲設系標準，且有培育科任教師的發展取向，對於強調生活教育、道德教育、統整教育的小學教育而言，似乎不盡契合。

3.師範校院組織規模無法顯現特色

師範校院除實習輔導單位外，其餘的組織及編制與一般大學並無大差異，包括校長、學院、學系、研究所、研究中心，以及教務處、學生事務處、總務處、圖書館、體育室(組)、軍訓室、秘書室、人事室、會計室等學術及行政單位。師範校院旣以師資培育爲主要職責，宜在學術及行政組織上充分顯現教育特色，以發揮應有的「師範」功能。

4.教師教育專業背景大幅提升

師範校院教師專業背景，因學校的不同而有所差異，但整體來說有明顯的提升跡象。如以教師學歷來看，目前師範校院現有

師資以具有博士學位者居多，約佔百分之四十，與一般大學大致相若。如以個別學校來看，各校教師的學歷背景也不相同。值得一提的是，師專自改制為師範學院之後，教師的學歷大幅提升，與過去師專時期大不相同。惟就未來整體發展而言，仍有必要繼續提升教師整體教育專業背景，使教師以具有博士學位為主。此外，師範校院師資正處新舊交替頻繁之時，新進教師有高學歷少實務經驗的現象，值得重視。

5.師範學院研究所數量及類科不足

目前九所師範學院除均設置一所國民教育研究所外，其餘各增設一至二個研究所，如視覺藝術研究所、課程與教學研究所、測驗與統計研究所、資訊教育研究所、多元文化教育研究所等，但中小學最需要的各科教育研究所，各校並無設置，而小學教師的進修需求殷切，以現有的數量及類科實不足以符應教師需求。另外，師範學院尚未設置博士班，歷年畢業之大量碩士班學生，並無適當之進一步進修管道，形成一股無形的壓力，值得注意。

6.進修部學生進修人次過於龐大、頻繁

目前師範校院日間部以中小學教師需求為招生人數的依據，各師範大學以台灣師範大學超過六千人為數最多，其餘師大在一千至兩千人左右，各師範學院平均約有千人左右。但各師範學院進修部學生包括日、夜間及暑期班，幾乎為日間部學生人數之兩倍(毛連等人，民83；吳清山等人，民86)，但是進修部並無獨立的教師編制，所有課程不是由日間部教師兼任，就是由外聘教師

兼任，由於教師均屬兼任性質，因此在凝聚力上難免有所不足，影響教學品質。同時，由於日間部教師既要忙於教學，又要忙於兼課，在日間部教學及研究的品質也會受到影響。

7.學生單位預算偏低

校院的經費相當拮据，根據調查(毛連，民83；吳清山等人，民86)，八十三年度及八十六年度師範校院的總預算中，除三所師範大學達到一般大學的水準外，其餘學校遠低於一般大學及獨立學院。如以學生為單位，師範大學每生所分配到的預算(含公費)也與一般大學及獨立學院相差甚遠。如果想要達到師資培育法開宗明義第一條「培養健全師資」的目標，政府有必要對於師範校院做進一步的投資，尤其師範校院並非「生產性」大學，缺乏額外的收入，如政府單位不設法協助其健全體質，影響所及恐非僅金錢所能計及。

8.圖書設備及經費仍待充實

師範校院的圖書設備以國立台灣師範大學最具規模，其餘學校均仍待加強，惟各校最近在圖書設備及其它相關設備上，有逐漸改善的趨勢，如資訊作業系統、網路系統、國際百科系統的建立等。但如就學生單位冊數來看，與一般綜合性大學仍有一段差距(毛連等人，民83；吳清山等人，民86)。目前多數師範校院學生往往必須利用有限的週末時間，前往台灣師範大學查閱圖書資料，阻礙學生讀書及研究學術的動機，如何提供師範校院學生良好的學術研究環境，是另一重要課題。

9.實習輔導組織及功能有待重整

師範校院的實習輔導組織相當具有歷史，在行政運作上也累積相當豐富的經驗，不論就在校期間之集中實習、結業後之教學實習，以及對於地方教育輔導的推動，均建立一定的運作制度與程序。但師資培育法公布後之新制教育實習辦法與舊制相去甚遠，依據教育部「高級中等以下學校及幼稚園教師資格檢定及教育實習辦法」，師資培育機構必須與中小學、教育行政機關、教師研習進修機構共同合作，進行定期性、實質性、全面性的輔導，要達到輔導的成效，各師範校院勢必動員龐大的人力及物力，以師範校院現有的條件，實在困難重重。如何充實實習輔導組織，以發揮教育實習輔導功能，為師範校院今後的重點工作之一。

(三) 一般大學方面

設有教育院、系、所或教育學程的一般大學，在師資培育法公布之後，已達二十九所，形成師資培育體系的一個重要系統，為今後我國的師資培育工作注入新血，其組織及行政概況分析如下：

1.以開設中學學程為導向

八十六學年度設置教育系所的一般大學有政治大學、中正大學及暨南大學，開設教育學程的大學則有中央大學等三十所，四

十五班中學學程、三班小學學程、三班幼稚園學程。其中除政治大學計畫開設國小師資教育學分及靜宜大學開設中小學及幼稚園教育學程，中國文化大學、實踐設計管理學院、屏東技術學院同時開設中學及幼稚園學程外，其餘均以培育中學師資為目標。但以現階段中學師資過剩，小學及幼稚園師資缺乏的情況來看，會不會造成教育浪費的現象，值得關切。

2.試驗新的師資培育模式

開設教育系所或教育學程之一般大學，與現行師範校院的性質差異相當大，包括頗具規模的綜合性大學以及文理之外的獨立學院。此類大學培育師資的模式，跳出現有師範教育體系的框框，嘗試建立自己的風格與體系，如能有效建立起新的師資培育模式，對於整體師資培育體系將有不可磨滅的貢獻。

3.教育學程專責單位人單勢孤

各大學為辦理教育學程，依規定得設專責單位，並由現有員額中調配運用。各大學目前大體以設置二級單位的學程中心做為規畫推動教育學程的專責單位，由於位階較低且人員稀少，易流於其它學術及行政單位的支援部隊，影響教育專業的自主性。

4.教育學程學生具有高異質性、高動機性的特徵

由於各校教育學程名額開放給所有院、系所的學生，因此，進入學程的學生來源多元化，形成高異質學生群。另因教育學程名額有限，想要修習學程的學生眾多，經過競爭之後進入學程的

學生，具備相當高的學習動機。這群高異質性、高動機性，且與師範校院體系學生背景不同的畢業生，未來投入教師工作行列之後，將於中小學注入一股新的動力。

5.尚未有效從事地方教育輔導工作

依據師資培育法第十七條之規定，師範校院及設有教育院系所或教育學程之大學，應從事地方教育輔導工作，亦即對中小學、幼稚園、特殊教育學校(班)，進行課程與教學及學生輔導等輔導工作。輔導方式包括實地輔導、諮詢服務、資料提供、研習活動。惟目前地方教育輔導工作仍由師範校院負主要責任，未來設有教育院系或教育學程的一般大學，宜積極投入地方教育輔導行列，發揮師資培育機構的服務功能。

參 ▷► 結論與建議

依據歷史的回顧以及現況的分析與討論，並參考相關文獻(林清江，民 84；馮朝霖，民 84；歐用生，民 85)，本文綜合歸納以下八項結論及五點建議：

(一) 結論

1.我國近代中小學師資培育的組織與行政運作源遠流長，並經不斷地改進而進入多元開放的系統

我國師資培育組織自清光緒二十三年(西元 1897 年)於南洋學堂設置師範院以來，迄今已有百年的歷史。百年來，我國師資培育系統在政府的重視之下，不斷適應社會變遷的需要，進行必要的調整與改進，目前已進入多元並進、改革開放的階段，以培育二十一世紀的中小學師資。

2.我國現行師資培育教育行政組織及功能亟待重整

我國新制師資培育系統主要由師資培育審議委員會負責規畫、審核及評鑑，由教育部中等教育司負責相關行政業務。自師資培育法公布以來，此二組織迅速完成相關子法及行政準備，績效卓著，但就長遠發展的觀點來看，師資培育審議委員會屬任務編組性質，較難進行系統性的分析規畫，而中等教育司職司中等教育及師資培育工作，人力相當有限，影響師資培育規畫、執行、考核工作的進行。

3.師範校院體系對於師資培育的理論與實務，累積豐富的經驗與成果

我國近代師範校院的發展歷史，大體上可以代表我國近代師

資培育的歷史。師範校院不僅積極參與師資培育的規畫，且落實執行師資培育工作，進行地方教育輔導，提供教師研習進修的機會。多年來理論探討與實務工作的累積經驗，可說是一本師資培育的活字典，一部師資培育的工具書。

4.教育學程師資培育系統，開啟多元開放的師資培育管道

多所開設教育學程的一般大學參與師資培育行列之後，由於這些大學的性質與師範校院大不相同，而且學生的背景、動機也與師範校院學生不同，因此，在師資培育的過程及結果，預期將與師範校院不同，多元開放的新制師資培育系統於焉展開。

5.師範校院的行政與學術組織亟待調整

自師資培育法公布以來，師範校院面臨多元開放的師資培育新制，已展開一連串自我改造運動，或從未來發展，或從課程與教學，或從教育實習等角度，分析未來的改進途徑，並已獲致具體成果。惟在行政組織與學術組織的發展方面，由於受到教育行政機關政策性決定的限制，尚無突破性的進展。

6.師範校院人力及經費結構處於調整時期

我國師範校院除國立台灣師範大學外，其餘學校的教師及經費結構並不理想。但即使是最理想的台灣師範大學，與一般大學相較，亦覺遜色。目前師範校院的教師具有博士學位者雖不在少數，但仍以副教授為數最多，急需提升教授人數以發揮主導教育學術教學、研究、推廣等工作。至於經費結構方面，多數師範校

院也呈現拮据的景象，不論就總經費或圖書經費方面，都遠低於一般大學。

7.師範校院教師在職進修機構仍待充實

師範校院特有的教師進修機構，一直是中小學教師進修的重要管道，也因此師範校院的進修業務一直處於高度繁忙的狀態。加上「高級中等以下學校及幼稚園教師在職進修辦法」發布後，中小學及幼稚園教師依規定必須強制進修，未來教師進修的類型及數量將因而大增。但以現有師範校院進修機構之組織與人力，實無法有效應付未來的需要，師範校院進修機構如欲發揮預期的功能，必須從組織、人力等方面積極加以充實。

8.教育學程師資培育系統積極建立新的師資培育模式

設有教育系所或教育學程的大學，拋棄師範校院的歷史包袱，正朝向建立師資培育的新模式邁進。未來各校的培育模式建立之後，我國的師資培育系統才真正進入多元化的境界，而經由多元比較的結果，正可以激勵不斷改革的情勢與氣氛，對於我國師資培育的發展與改進措施，預期將會有重大的影響。

(二) 建議

1.以歷史為鑑，作為發展與改進我國師資培育組織與行政之參考依據

綜觀我國師資培育組織的發展，是以師範教育體系及國家辦理為主，期間因經費的不足而有多元開放的短暫時期。我國目前的多元開放師資培育組織及行政，主要探自西方國家，是否能在我國發芽生根、成長茁壯，值得政府當局及所有關心師資培育之人士，持續給予關注，俾利於師資培育組織的健全發展。

2.成立師資培育司或師資培育委員會，專責師資培育的規畫、監督與考核

我國主管師資培育的教育部中等教育司以及師資培育審議委員會，其組織及人力均顯不足，過去在單一師資培育制度下，尚屬單純，師資培育多元化之後，師資培育系統已明顯複雜化，為有效提升師資培育的品質，政府有必要成立正式的專責單位，從事系統性、持續性的規畫與推動。

3.開放師範校院組織發展空間，發揮師範校院的經驗結晶

師範校院對於我國師資培育的長期投入，已累積豐富的經驗，但由於受到主客觀的條件限制，無法充分地施展。如師範學院校地狹小，經費不足，設置系所或規畫設置教育學程受到層層

限制等，這些都限制了師範校院發展的空間，進而抹煞了師範校院寶貴的經驗。

4.協助開設教育學程之大學，有效開創新的師資培育模式

開設教育學程的大學擁有豐富的人力、物力及外在資源，且在原有學術領域著有績效，對於開創師資培育另類模式具備先天的有利條件。但相對的，在中小學師資培育的實務經驗上卻明顯不足，因此，教育行政當局及師範教育系統應提供經驗作為參照的依據，共同參與開創新的師資培育模式。

5.成立師資培育論壇，進行綜合性的學術與實務對話

展望未來，我國師資培育系統在師範校院及一般大學共同參與的情形下，將進入一個多元、複雜、創新的境界。師範校院具有豐富的師資培育經驗，教育學程學校呈現創新改革的企圖，兩者如能攜手合作、相互激勵，必能將我國的師資培育系統帶領到理想的境界。因此，建立師資培育論壇，透過相互對話的過程，以激發新的改進途徑，是一個值得思考的方向。

參考文獻

方德隆(民 85)。師資培育多元化之挑戰。**教育資料文摘**,*37*(2),75-83。

毛連、林永喜、張德銳、但昭偉、楊龍立、張芬芬、詹寶菁(民 83)。**我國師範教育發展現況與評估之研究**。台北市:國立教育資料館。

吳清山、林天祐、劉春榮、張芬芬、陳明終、鄭望崢(出版中)。我國師資培育現況及改進意見調查研究(手稿)。國立教育資料館委託之專案研究計畫。

沈翠蓮(民 86)。現階段師資培育問題與作法探析。**台灣教育**,*553*,2-5。

林清江(民 84)。多元與卓越[師資培育]。**師友**,*335*,35-40。

馮朝霖(民 84)。「教育學程」發展檢討。**國家政策(動態分析)**,*127*,16-17。

陳伯璋(民 80)。我國師範教育政策與制度之發展與檢討。載於教育部中等教育司(主編),**世界主要國家師資培育制度比較研究**(頁 141-161)。台北市:正中。

黃榮村(民 84)。師資培養與教育學程。**國家政策(動態分析)**,*127*,2-4。

黃政傑(民 80)。我國師範教育入學制度與學生待遇。載於教育部中等教育司(主編),**世界主要國家師資培育制度比較研究**(頁 163-184)。台北市:正中。

歐用生(民 85)。開放與卓越——台灣師資培育的改革與發展。*初等教育學報*，*6*(1/2)，1-10。

劉源俊(民 85)。從大學學程制談師資培育與教育研究。*教改通訊*，*19*，45-46。

教育行政革新

教育實習新制的困境與突破：師資培育機構的觀點

壹▷► 新制教育實習的特徵

從師資培育法及教育實習辦法等相關法令分析，新制教育實習辦法至少具有以下五項特徵：

(一) 市場導向

過去中小學之師資培育的方式與數量是由政府作計畫性的支配，新制則採開放的制度，由師資培育機構自行設計最適當之實習方式，並自負績效責任。所培育之師資如素質優異，將為學校所用；反之，將無工作去處。

(二) 互易導向

師資培育新制強調為期一年的教育實習，教育實習的場所在中小學，並須由中小學教師進行輔導。中小學為實習教師提供實務服務，師資培育機構也必須相對向中小學提供專業支持，以達互補互利之效。如缺乏良性的互動，則無法落實實施。

(三) 零售導向

過去的教育實習採取由政府統一分發公費生至中小學之方式，師資培育機構充其量只是當大盤商而已，只要將學生名單交給政府就算了事。新制以自費生為主，多數不再由政府分發實習，必須仰賴師資培育機構逐一推銷學生，頗似商場之零售性質。

(四) 效率導向

過去師資培育過程的教育實習為期甚長，甚至從一年級開始便在相關科目中融入實習活動，另再外加一年的實習。新制教育實習雖仍進行為期一年的實習，但在職前教育階段時間則大為縮減，尤其教育學程僅餘二學分，大有以效率取代效能的取向。

(五) 服務導向

過去實習教師已佔缺，視同一般教師，因此，並未特別安排學生定期回校，或教授到校指導。教育實習新制不僅規定實習教師必須定期返校座談，學校也必須安排指導教授定期前往指導。學校對於畢業生之就業指導，另啓師資培育機構服務導向之新機制。

貳 ▷► 實習的困境

教育實習新制實施一年多來，雖有成效，但也發現相當多的困擾，以下十項爲師資培育機構所遭遇的主要困難：

(一) 特約實習學校問題

舊制的教育實習辦法，就讀師範院系的學生以公費爲主、自費爲輔，結業學生由教育行政主管機關分發到各教育實習機構實習，新制教育實習辦法，學生以自費爲主、公費爲輔，不論公自費生都必須自覓實習機構實習，而以目前各種師資培育班別之多，職前實習課程及畢業後的實習課程諸多重複，特約實習學校所能提供的實習名額相當有限，甚至有些學校可能隨時關閉實習

的大門，未來師資培育機構培育出來的實習教師恐無適當的實習場所。最後，教育實習辦法第十條對於選擇特約實習學校「辦學績效良好」、「易於就近輔導」之規定，恐難眞正達成，因爲屆時有實習機構實習就已經很好了，哪有選擇的餘地。

另就學生實習而言，師資培育機構及教育行政機構已不再以學生的在學表現作爲分發實習的依據，學生必須自己去尋找實習的場所，幸運者找到合適的實習場所，不幸者雖不至於流落街頭，但實習場所的決定既非在於在學表現，而在於請託奔走或交給命運之神，似乎讓人不知「好學何用？努力何用？」我們不禁要問：師資培育機構的培育功能到底何在？

(二)實習指導教授指導的問題

依據教育實習辦法第二十一條的規定，實習教師平常接受實習機構實習輔導教師之指導，進行各項教育實習，並每月返校一次參加集中座談或研習，此一返校的目的在於將一個月來的實際實習情形作一個經驗分享，並把教育實習所碰到的問題帶回來，並思索解決之道。但是過去的經驗顯示，返校座談形同畢業後的同學會，同學提出問題的興致不高，即使提出問題，由於包括範圍甚廣，實習指導教師也無法一一給予滿意的解答，某些比較專門的問題在實習學校得不到答案，千里迢迢回到母校之後仍然得不到答案。因此，返校座談情形愈來愈清淡，參加的人數愈來愈少，同學的失落感也愈來愈深。

(三) 實習指導教授時間問題

依據教育實習辦法第二十一條的規定，師資培育機構以巡迴輔導、通訊輔導、諮詢輔導等方式，對實習教師進行輔導。其中巡迴輔導的功能在於透過實習現場的會診，對於實習教師的實習表現進行臨床性的指導，依據一般的程序，每到一校輔導所需時間至少四小時，而在這四小時之內能由每一學生與指導教師進行廣泛交談的時間非常有限，根本無法達到輔導的實質效果，最多只增加一次實習學生教學觀摩的演練，而且達到學校老師前來關心的效果而已。

因此，真正的巡迴輔導工作必須落實在實習指導教授身上，然而實習指導教授除受經驗及學識的限制，不可能進行全方位的指導外，指導教授的時間相當有限。以教育實習辦法第十八條，每位實習指導教師以指導二十五名實習教師為原則來計算，如每位指導老師一學期花四小時(包括來回車程及看完二節課)指導每位實習學生，一個學期要花掉一百個小時，除以十八週，平均每週要花五個半小時的時間來從事實習輔導工作，與教育實習辦法第十八條：「得酌減實習指導教師原授課時數二至四小時」的規定差距甚大。事實上，對於認真的實習指導教師而言，只能用「苦不堪言」四個字來形容。

(四) 實習學校輔導老師問題

實習教師的實習指導主要依賴教育實習機構的實習輔導教師，依據教育實習辦法第十七條的規定，實習輔導教師由教育實習機構遴選，薦送師資培育機構，因此，實習輔導教師的人選是由教育實習機構決定的，師資培育機構根本沒有選擇的餘地。而根據了解，許多優秀的老師並不願意擔任實習輔導教師，因為輔導實習教師比自己教更辛苦。而擔任實習輔導教師除了盡輔導的義務之外，並未獲得任何實質性的待遇。因此，一般教師擔任實習輔導教師的意願並不是很高，這種人之常情，卻造成師資培育機構的困擾。

(五) 實習教師的定位會影響實習成效

依據教育實習辦法第六、第七、第八條以及師資培育法第七條的規定，修畢師資職前課程經初檢合格取得省(市)教育廳(局)核發實習教師證書者，為實習教師。其中修畢師資職前課程，依據師資培育法第七條的規定是指大學畢業且修畢規定教育學分或學程而言。而實習教師經教育實習一年成績合格，由師資培育機構彙送省(市)教育廳(局)核轉教育部核發合格教師證書之後，取得正式教師資格。

就以上相關法律條文內容來看，實習教師的身分應該介於大學畢業生與正式教師之間，但以目前政府發給的實習津貼數額來

看，實習教師的身分與大學在學生沒有兩樣，遠低於政府公布的「最低工資」，與工作性質相仿的專任研究助理相比較也有天壤之別。絕大多數的大學畢業生在畢業之後都想自己獨立負責生活費用，不再仰賴家庭的支援，因此，在偏低的實習津貼下，實習教師的情緒相對低落，也常常為了賺取足夠的生活費用而去兼差，影響實習的效果。

(六) 實習教師不佔缺實習問題

新制教育實習的一項特色是實習教師本身不佔實缺，而在實習輔導教師班上隨班實習，實習成績及格經複檢通過成為合格教師之後，通常已過一般學校聘任教師期限，公費生由教育行政機構直接分發至保留名額之學校服務，而自費生則必須到處打聽哪裡尚有缺額。換言之，所有公自費的實習教師在實習期間除了要專心實習之外，還要分心未來是否有缺額以及缺額在哪裡的問題，對於實習成效不免造成不良的影響。未來實習教師增加之後，缺額不足的情形將愈為明顯，影響實習教師實習的情形也將愈來愈嚴重。

(七) 實習內容方面的問題

依據教育實習辦法第十六條的規定，實習教師之教育實習事項包括教學實習、導師(級務)實習、行政實習及研習活動等四項，但對於這四項的輔導事宜規定並不清楚，容易造成實習的困擾。

細察教育實習辦法第二十二條，該條文第一項及第二項規定實習教師應在教育實習機構由實習輔導教師指導下，從事一定時數以內之教學實習，第三項則規定實習教師除教學實習外，應全程參與教育實習機構之教育活動。從本條文中，無法得知導師(級務)實習是否必須在實習輔導教師指導下進行，行政實習又是要接受誰的指導？值週、上輔導課、及導護等教育活動又要接受誰的指導？或自己單獨進行？因本條文未做明確規定，實習教師的相關實習計畫便不易落實。

(八) 實習指導教授難求的問題

　　新制教育實習辦法比舊制教育實習辦法在實習內容、實習計畫、實習輔導以及成績評量等方面，都有更清楚的規定，實習指導教授的責任也加重許多，除了平常必須定期輔導、評量每一實習教師之外，每月也要定期舉辦座談或研討會，甚至還要幫學生尋找實習學校，實習之後推薦到學校單位去任職等。因此，在師範校院常流行一句話：「教育實習很重要，但是我不帶教育實習」。教育實習教授不僅要負責學生能順利實習，也要確保實習成功，實習結束之後還要煩惱學生能否順利應聘，這種從製作、生產、到售後服務一貫作業由實習指導教授全包的情況，已讓許多教師心生畏怯。加上大多數的教授缺乏實務經驗，或者已脫離教育實務工作一段時間，對於實務問題的指導僅及皮毛，更何況每一實習教師所面臨的情境、對象都不一樣，很難作及時、有效的指導，所以造成適合當實習指導教授者避之惟恐不及，而無逃

生能力者只好去帶實習。

(九) 師資培育機構與教育實習機構之間互動的問題

過去師資培育機構的學生透過政府的分發，均可以順利實習，實施教育實習新制之後，師資培育機構必須取得教育實習機構的同意之後，學生才有實習的地方，過去師資培育機構與教育實習機構類似「師生」關係的情形，已經轉變爲類似「兄弟」的關係，而且分不清誰是兄誰是弟。新的師資培育機構對於與教育實習機構之間的關係，由於沒有過去的包袱，所以認識相當清楚。但是大多數師範校院對於教育實習機構仍存有高高在上的感覺，不思提供互惠的活動，造成學生實習的困難。當然，也有教育實習機構以此爲要求，對於師資培育機構提出不合理的要求，例如實習教師常接受不公平的待遇，進而影響師資培育機構的整體實習計畫。

(十) 師資培育過程太過倚賴教育實習課程

依據現行的課程設計，似乎所有的課程都是獨立的，與師資培育無關，只有教育學程或教育學分才與師資培育有關，而教育學程或學分中又以教育實習負責師資培育成敗的重責大任。似乎有「教育實習成功則生，失敗則死」的感覺，嚴重扭曲師資培育「整體」的本質。

參 ▷► 困境的突破

從師資培育機關的觀點，發現教育實習新制引起相當多的困擾，為達培育健全中小學師資的目標，宜從以下六項進行突破：

1.取消職前集中教育實習，落實畢業後的教育實習

現制師資培育職前教育課程的教育實習，通常會安排一段集中實習的時間，由於師資培育班次愈來愈多，教育實習學校一方面要接受正式的教育實習活動，另一方面還要接受在學學生的集中教育實習，加上不定期的參觀與見習活動，許多學校真是不堪其擾。尤其集中教育實習之前帶給原任班級教師的壓力，以及集中實習之後原任班級教師必須進行許多善後的工作，對老師對學生來說都有不良的影響。新制教育實習既然安排了一整年的教育實習工作，在實習場所有限的情況下，宜以落實畢業後的教育實習為重點，職前教育階段的集中教育實習應考慮取消，否則會得不償失。

2.建立實習指導教授網絡系統

過去實習生的指導完全是依賴實習指導教授一己的力量，而這種英雄式的指導模式實際上已經證明是不可行的。實習生的問題包羅萬象，有教材方面的問題、有教法方面的問題、有行政方

面的問題、有心理方面的問題、也有生理方面的問題。沒有一個實習指導教授是萬能的，因此，也就無法有效協助解決實習教師的問題。為了能全方位輔導實習教育，師資培育機構應該結合全校相關學系(科)以及所有實習指導教授，成立教育實習輔導網絡，由全校共同規畫、承擔教育實習輔導責任。各學系(科)有教育實習輔導小組，各學系(科)的輔導小組再組成輔導委員會，整合全校力量進行教育實習的規畫與輔導。

3.實習指導教授每一次指導的學生以十八人為原則，每週減授四小時

以每位實習指導教授每週減授四小時的高限來計算，剛好每週約可前往一位實習教師處進行一次比較基本的輔導(包括看完兩節的教學以及一節的討論加上車程)，一個學期十八週，約可輔導十八位實習教師。事實上實習指導教授還必須做許多其它的事項，因此，負擔相當地重。

如果採用實習指導教授定額輔導的制度，則職前教育中的教育實習課程就應該打破班級的建制，採全校分組方式進行。每滿十八人即成立一組，而且各組的成員異質性愈高愈好，學生在班級互動中可以增長見聞，激發另類的思考。

4.開放教育實習機構人員擔任師資培育機構教育實習指導教授

教育實習是一項結合理論與實務學習活動，而實務面又比理論面更重要。師資培育機構教師理論的取向遠高於實務取向，因

此，在實習指導方面常有格格不入的現象。師資培育機構如能聘請教育實習機構有關人員與師資培育機構教師共同擔任教育實習指導教授，不僅可以結合理論與實務，給予實習教師更有效的指導，而且可增進雙方之間的合作關係，對於教育實習的落實實施有莫大的助益。

5.建議配合教師分級制度實習教師佔缺實習

實習教師不佔實缺雖然是教育實習新制的重要特色，但是由於不佔缺的結果，造成實習教師在實習期間缺乏安全感，影響實習效果。如果中小學教師採行分級制度，不同教師的工作項目不同，如資深優良教師專職輔導教師，不實際帶班，而由實習教師佔缺帶班，如此即可使實習教師安心及專心實習，因為如果實習表現良好就可能在實習輔導教師的推薦下，繼續受聘為正式教師，雙方互蒙其利。

6.將教育實習教師定位為比照專任研究助理

實習教師介於學生與合格教師之間，一方面要教學另一方面又要擔任助理，而且必須全程參加實習機構教育活動，所以比照專任研究助理應該不為過。如能明確規定比照專任研究助理，其津貼應可提高，讓實習教師專心實習。

肆 ▷► 結語

　　教育實習制度的改變對於師資培育機構、教育實習機構以及未來打算從事教師工作的學生來說，都產生相當大的衝擊。在市場化的政策之下，師資培育機構必須扮演推銷、包裝與售後服務的角色；教育實習機構則可待價而沽，精打細算挑選實習教師；學生則需展現自己的十八般武藝，以獲得中小學的青睞。由於必須各憑本事，因此這對於教師素質的提升確有正面的效果。但是新制教育實習的實施也使師資培育機構面臨一些問題，這些問題必須從「內求調整」、「外求突破」去解決。

教育行政革新

組織篇

組織革新

學校經營與教育品質

壹▷►跨世紀的聲音：「追求卓越，提升品質」

　　二十一世紀將是一個高度競爭的世紀，世界先進國家為了在新的世紀裡取得競爭的優勢，在本世紀末掀起了一連串的政治、經濟、教育及社會改革。其中，尤以教育改革攸關人力素質的良窳，因此備受各國的關注。一九九〇年代以後，各先進國家相繼提出各項教育改革方案，希望在二十一世紀來臨之前，有效改進國家的教育體質，以作為提升國家競爭力的堅實厚盾。由於各國文化背景與社會條件不同，提出的改進方案也不盡一致，惟其最終努力的目標卻相當一致，都在「追求卓越，提升品質」。

　　我國以開創二十一世紀教育新紀元為主軸的教育改革方案，在行政院教育改革審議委員會提出總諮議報告書之後，已大致凝

聚了改革的共識。該報告書揭示了我國教育改革五大方向，其中提升教育品質列爲國家未來努力的重要方向之一(行政院教育改革審議委員會，民 85)，提升教育品質已成爲我國在本世紀末重要的教育政策。但是教育政策的成敗，端看政策是否能落實地執行，而各級政府及學校是政策執行的主體，其中尤以學校爲關鍵。一項教育政策如果無法在學校中落實實施，再好的政策也是空的，因此，學校能否配合實施，便成爲提升教育品質成效的重要指標。

貳 ▷► 學校經營與教育品質的意義

(一) 學校經營的意義

學校經營是指學校的整體運作，詳細來說，學校經營是由以下五個層面交織而成的：

1.運作的目標

運作目標是學校經營的指針與方向，運作目標是以學校教育願景(shared visions)爲依據。學校教育願景是指由學校依據政府政策、學校條件以及社會的期望，塑造而成的學校教育目標。

2.運作的主體

運作的主體是指推動及執行學校整體運作的人員，包括校長、教職員、學生以及家長代表，是學校經營的主要動力。

3.運作的內容

運作的內容包括行政與教學兩大領域。行政的領域包括學校、教師、學生及家長事務；教學的領域包括教學設計、教學實施、教學內容，以及教學成果等項。

4.運作的過程

運作的過程包括書面運作、行政會議以及行政活動，這些運作的過程，均包括正式以及非正式的活動。

5.運作的評估

運作的評估是指學校本身，對學校整體運作的情形不斷進行有系統的績效評鑑，包括運作目標、主體、內容、過程以及運作結果的評估五個部分。

(二) 教育品質的意義

1.品質的意義

品質一詞的定義分歧，分類的依據不同，所作的定義也就不

同。從概念分析的角度來分類，可分為絕對的品質與相對的品質兩類，絕對的品質是指大家共同認定之完美或零缺點的程度，相對的品質是指在某時、某地、某人對於某事或某物感到滿意的程度。從組織運作的角度來分類，可分為個人的品質、組織的品質以及社會國家的品質三類。從產品特質的角度來分類，可分為超越的品質、規格的品質、需求的品質、實用的品質，以及數量的品質。超越的品質是指事或物完美的程度，愈完美愈具品質；規格的品質是指事或物符合既定規格的程度，愈符合規格愈具品質；需求的品質是指事或物滿足使用者需要的程度，使用者愈滿意愈具品質；實用的品質是指事或物對於使用者實不實用的程度，愈實用愈具品質；數量的品質是指事或物稀少的程度，愈稀少愈具品質(吳清山、林天祐、黃旭鈞、張正霖，民86)。

歸納而言，品質的高低取決於以下八項標準：⑴客觀事物的實際行為表現的好壞，⑵客觀事物本身的特色、條件，⑶客觀事物與預期功能的符合程度，⑷客觀事物符合既定規格的程度，⑸客觀事物的耐用性，⑹客觀事物的美觀程度，⑺使用者或服務對象對於客觀事物的滿意程度，⑻使用者或服務對象對於客觀事物的先前經驗。

2.教育品質的意義

以上述八項標準為依據，可將教育品質定義為：教育能持續符合眾所認定及期望的目標的程度。具體來說，教育的內涵包括政策法令、行政與制度、教育目標、教育內容、教育過程與教育結果。因此，教育品質可視為這些內涵能持續符合眾所認定及期

望的目標的程度。更進一步來看，由於整體教育包括個人、班級、學校、地方及國家等五個層級，教育品質可視爲教育實施的過程及結果，在個人、班級、學校、地方以及國家等五個層面，都能持續符合衆所認定及期望的目標的程度。

參▷► 教育品質指標及其評估方法

從以上的定義來看，教育品質的內容涵蓋極廣，因此，要建立教育品質的指標相當不容易。由於國內有關教育品質指標的研究仍處於發展階段，因此，本節是以美國教育週刊社所發展出來的教育品質指標爲主，並參考國外相關文獻(Doherty, 1994; Greenwood & Gaunt, 1994; Herman & Herman, 1994; Morgan & Murgatroyd,1995;Riley,1994)及本國國情(吳清山等人，民 86)略作文字修正，以供國內參考。美國教育週刊社(1997)所發展出來的教育品質指標共包括：(1)學生學業表現，(2)學生學習標準，(3)教師教學品質，(4)學校氣氛，(5)學校資源等五個領域，其主要內容說明如下：

(一) 學生學業表現

學生學業成就

以四及八年級學生在 National Assessment of Educational Progress(NAEP)標準化測驗的成績爲依據，其成績等級包括Below Basic、Basic、Proficient 及 Advanced 四級。

(二) 學生學習標準

1.學習內容標準

以是否建立主要學科學習內容標準的程度爲依據，分別給予A、B、C、F 等第。

2.學習評量標準

以是否配合學習內容標準建立教學評量工具爲依據，分別給予 A、B+、B、C+、C、D+、D、F 等第。

3.評量實施情形

以評量主要學科的多寡，分別給予A+、A、B、C、F 等第。

4.學習評量記錄

以是否建立經常性的學生學習評量結果資料庫為依據，分別給予 A、C、F 等第。

5.評量結果處理

以是否將學習評量的結果做為升級或畢業的審核標準為依據，分別給予 A、C 等第。

(三) 教師教學品質

1.新進教師專業背景

來自師資培育機構及非師資培育機構分別給予 A、C 等第。

2.合格教師率

依據是否為合格教師情形，分別給予 A、C 等第。

3.教師進修情形

依據是否訂有具體辦法鼓勵教師進修情形，分別給予 A、C 等第。

4.聘任教師標準

依據是否訂有聘任新進教師具體辦法情形，分別給予 A、C

等第。

5.專長排課情形

依據是否依教師專長排課情形，分別給予 A、C 等第。

(四) 學校氣氛

1.班級學生數

小學部分，以班級學生數低於二十五人的班級數的百分比；中學部分，以英文教師每天任教人數低於八十位學生的百分比，做爲評分的依據，比例愈高，等第愈高。

2.校園安全

以認爲學生暴力行爲相當嚴重的中學教師人數百分比，做爲評分的依據，比例愈高，等第愈低。

3.學校自主

依據學校是否獲得上級教育行政機關授權的有無，分別給予 A、C 等第。

4.教師參與

依據參與學校決策的教師人數比例予以評分，比例愈高，等第愈高。

5.教師凝聚力

⑴依據了解及認同學校努力目標的教師人數百分比予以評分，比例愈高，等第愈高；⑵依據參與教學合作的教師人數百分比予以評分，比例愈高，等第愈高；⑶依據認為學校目標很清楚的教師人數百分比予以評分，比例愈高，等第愈高。

6.學生及家長參與

⑴依據認為學生缺席情形不嚴重的教師人數百分比予以評分，比例愈高，等第愈高；⑵依據認為學生上課不專心情形不嚴重的教師人數百分比予以評分，比例愈高，等第愈高；⑶認為家長不支持情形不嚴重的教師人數百分比予以評分，比例愈高，等第愈高。

(五) 學校資源

1.學生單位預算數

依據學校學生單位預算的多寡予以評分，分別給予 A、B、C、D、F 等第。

2.學生單位預算漲幅

依據學校學生單位預算的每年配合物價指數所調整的幅度，分別給予 A、B、C、D、F 等第。

*3.*教學項目預算額

依據教學用預算額佔總預算的百分比，分別給予A、B、C、D、F等第。

*4.*教學科技器材配備

依據學校教學科技器材配備種類及數量的多寡，分別給予A、C、F等第。

*5.*校舍狀況

依據待翻修、整建的校舍數百分比，分別給予 A、B、C、D、F等第。

肆 ▷► 有效經營學校，提升教育品質

(一) 提升教育品質的積極條件

*1.*學校有意願

全體教職員生願意投入提升教育品質的行列。

2.學校有能力

學校人員有能力投入提升教育品質的行列；學校的客觀條件充分配合提升教育品質工作之需要。

3.學校有機會

上級機關及整體社會條件的支持與配合。

(二) 提升教育品質的幾個思考方向

1.運作目標方面

凝聚教師的向心力，共同為改進學校教育品質一起努力。

2.運作的主體方面

(1)減少班級學生數以及教師每日授課對象總人數。
(2)配合家長的條件，爭取家長的支持。

3.運作的內容方面

(1)明確建立各級各類學習標準，並逐年調高標準。
(2)發展實用、有效的教學評量工具與方法，並充分運用。
(3)訂定聘任教師的具體辦法，客觀評選新任教師。
(4)訂定具體的辦法，鼓勵教師不斷進修、成長。
(5)確實配合教師專長排課，充分發揮教師長才。

(6)行政人員致力於維護校園安全，安定教師教學。

(7)全體教師充分評估各類教學需求，強化教學資源。

4.運作的過程方面

訂定辦法鼓勵師生參與學校決策，並貫徹執行共同的決議。

5.運作的評估方面

(1)建立學習資料庫，確實掌握學校所有學生學業表現的變化及組型。

(2)依據運作目標，定期評估學校經營運作的主體、內容及過程。

伍▷►結語

追求高品質的教育是全民的願望，也是所有教育工作者努力不懈的目標。相信在所有教育工作同仁默默的耕耘之下，我們的教育品質未來會更好。但在追求教育品質的過程中，仍有兩個問題值得吾人注意，其一是教育品質與升學主義的問題，其二是人本取向與工具取向的問題。

參考文獻

行政院教育改革審議委員會(民 85)。**教育改革總諮議報告書**。台
　　北市：作者。

吳清山等人(民 86)。**有效能的學校**。台北市：國立教育資料館。

吳清山、林天祐、黃旭鈞、張正霖(民 85)。**全面品質教育研究：
　　以國民小學為例**。行政院國家科學委員會專題研究計畫成果
　　報告(計畫編號：NSC 85-2413-H-133-006)。未出版。

Doherty, G. D. (1994). *Developing quality systems in education.* Lon-
　　don: Routledge.

Education Week (1997). *Quality counts: A report card on the condi-
　　tion of public education in the 50 states.* Available: http://www.
　　edweek.org/qc/

Greenwood, M. S., & Gaunt, H (1994). *Total quality management for
　　schools.* London: Cassel.

Herman, J. J., & Herman, J. L (1994). *Education quality management.*
　　Lancaster, PA: TECHNOMIC.

Morgan, C., & Murgatroyd, S.(1995). *Total quality management in
　　the public sector.* Bristol, PA: Open University Press.

Riley, K. (1994). *Measuring quality: Education indicators.* London:
　　Cassel.

全面品質管理與學校行政革新

壹 ▷▶ 全面品質管理的意義與發展

(一) 全面品質管理的意義

「全面品質管理」一詞於一九八五年由美國海軍行為科學家華倫(N. Warren)所提出,目的在於為海軍建立一套日本式的品質改進模式 。此一模式源自於日本企業界推行的「全公司品質管制」(company-wide quality control,簡稱 CWQC)。

全面品質管理的管理模式經過十餘年來的理論研究與實地實驗,已經趨於成熟。綜合歸納相關理論及實務的文獻,全面品質管理的意義可界定如下:

一個組織中所有成員、部門和系統大家一起來不斷改進組織

的產品及服務過程(全面)，以滿足或超越顧客的期望及需求(品質)，俾使組織得以永續發展的一套原則與程序(管理)。

換言之，全面品質管理旨在透過系統的原則與方法，引領組織中所有部門及人員不斷為滿足顧客的需求或超越顧客的期望而努力，使得組織可以永續生存與發展。

(二) 全面品質管理的發展

全面品質管理的發展可以以下三個方面來分析：

1.從「品質管制」到「全面品質管制」再到「全面品質管理」

農業社會時代，手工製造的產品其品質由個人來檢查控制。工業革命以後，機械代替了手工，生產線的設計使得產品可以快速大量生產，個人只負責生產過程的一小部分，產品「品質管制」(quality control)主要透過專門人員逐一檢查來達成。但隨著生產類型的多樣化以及生產數量的遽增，專門人員再也無法逐一檢查各個產品，只能依賴抽樣的方式來篩檢產品，而抽樣誤差的結果，常使瑕疵品流到市面上，而影響產品品牌的形象，因此，便轉而強調由所有部門所有人員共同負責品質管制的「全面品質管制」(total quality control)的概念。貿易自由化及國際化之後，由於競爭的結果，製造過程的好壞已不是決定品質高低的唯一標準，顧客喜好與否成為判定品質高低的另一個重要指標，如何了

解顧客的需求，並製造出顧客滿意的產品，成為「全面品質管理」的核心，而逐漸發展成為完整的理論與實務體系。

2.起源於美國，傳到日本，回到美國，再到英、澳，最後到達世界各地

全面品質管理的理念，主要來自於美國管理學者戴明(W. E. Deming)、朱蘭(J. M. Juran)、柯洛斯比(P. B. Crosby)、費根堡(A. V. Feugenbum)的倡導，強調全面品質管制。第二次世界大戰之後，麥克阿瑟(D. MacAuthur)將軍延請戴明、朱蘭等人到日本講授品質管制的方法，以重建日本的經濟力量，全面品質管理的理念與方法便廣為日本企業界所採用，再經日本企業管理學者石川馨(K. Ishikawa)、田口(G. Taguchi)的推動，建立日本本土化的「全公司品質管制」品管模式。一九七〇年代以後，日本產品的競爭力愈來愈強，促使美國企業界開始注意到日本模式的品管模式。美國引進原本出自美國學者的日本式品管模式，再經企業管理學者重新建構之後，成為今日的「全面品質管理」模式。此一模式迅速傳播到英語、澳洲等英語系國家，並隨之見諸世界各國。

3.從產業界，到一般服務業，再到非營利機構，最後到教育機構

全面品質管理的理念是產業界為了追求提升產品品質所引發出來的，經產業界實際採用並獲致豐碩的成果之後，餐飲、交通、建築等一般服務業為爭取顧客的信賴也相繼採行。非營利事業機構如圖書館、政府機關為因應市民導向的趨勢，隨之也加入

全面品質管理的使用者行列。一九九〇年代以來，世界各國教育改革的呼聲日高，產業界以及服務業界使用全面品質管理轉型成功的經驗，開始受到歐美教育理論及實務工作者之重視，相關理論的探討以及實際的應用也大量地出現。

貳 ▷▶ 全面品質管理的重要理念及實施原則

（一）重要理念

全面品質管理的理念經過理論界的整合以及實務界的驗證，已經發展出系統性的知識體系，其主要理念如下：

1.事先預防

全面品質管理強調事先預防的概念，希望能「每一次的第一次就做對」。如果事先缺乏周延的思慮及驗證，就把產品推出市面，很容易因為無法獲得顧客的滿意而殃及公司及產品的形象，進而失去顧客。因此，全面品質管理特別重視事先的研究及試驗，希望每一次新產品一上市即能贏得顧客的心。

2.系統導向

全面品質管理的另一個重要理念是凡事要從整體團隊來思考，從設計到生產到售後服務，每一部門、每一個人的表現都會

影響到品質的好壞。其中的一個環節出了差錯，產品的品質就會有問題。因此，「環環相扣、相互倚賴」是全面品質管理所強調的第二個理念。

3.動態導向

多數人對於使用的產品有「喜新厭舊」的傾向，因此，如果要長期掌握顧客，必須配合顧客的心理，不斷推陳出新，求新求變。我們在市面上經常發現同一品牌的產品過了一陣子之後，就以改頭換面的方式用另外一個形式上市，這種不斷在商標以及內容上求變化，就是為了能充分掌握顧客的心理。

4.前瞻導向

產品除需不斷求新求變以滿足購買者的需求之外，全面品質管理進一步強調要能帶領風潮以「掌握先機」。求新求變雖能滿足顧客的需求，但是在眾多產品也都不斷推陳出新的情況下，產品的競爭力會相對降低。因此，如何推出具有前瞻性的產品，帶起流行風潮，以完全掌握顧客，是全面品質管理最終的追求目標。

(二) 實施原則

在事先預防、系統、動態以及前瞻導向下，實施品質管理必須遵守下列五項原則：

1.以客為尊

全面品質管理以顧客滿意為核心，提供廣受歡迎的產品及服務。顧客又分為內部顧客及外部顧客兩部分，內部顧客是指參與組織各項設計、生產以及服務的相關部門或人員之間，其中緊接前一階段的部門或人員就是前一階部門或人員的顧客；外部顧客是指組織外買受產品或接受服務的對象，也就是一般所指的顧客。全面品質管理強調兼顧內外顧客的滿足。

2.全員參與

過去的管理理念強調由「品管部門」專門負責品質管制的工作，因此，常發生部門間互為推諉的情形。全面品質管理則強調組織中的所有部門及所有人員都肩負著品管的責任，也享受生產高品質產品之後所帶給每一個人的福利。這種「夥伴關係」(part-nership)的建立，是實施全面品質管理的重要策略。

3.品質承諾

全面品質管理的實施首須仰賴上層的認同，並親自推動、身體力行。上層人員必須重視並全力推動品管工作，全面品質管理才有實施的可能。其次，組織必須營造追求品質的氣氛，使所有人員齊心一致共同為提升產品及服務品質而努力。

4.永續改進

永續改進的工作包括兩個部分，第一部分是指組織內部的持

續性品質改進，第二部分是指不斷了解外部顧客的需求情形，推出新產品。一件產品或服務措施在尚未正式問市之前，必須不斷徵詢顧客的意見以進行修改，直到大家都滿意爲止，以求一旦上市就能立即獲得顧客的青睞。此外，設計、製造、服務過程以及人員、制度的不斷自我改進等，都是內部持續改進的要素。而隨著顧客需求的改變，不斷提供新的產品及服務，則是外部持續改進的重點。

5.事實管理

一個組織如要持續改進品質以滿足顧客的需求，必須隨時掌握可靠的資訊，因此，事實管理(management by fact)或資訊的有效蒐集、處理與解讀是實施全面品質管理必須掌握的重要原則。資訊的內容包括內部的工作表現以及外部顧客的需求情形。

參▷► 全面品質管理型態之學校行政

從發展沿革、主要理念以及實施原則來看，實施全面品質管理以進行行政革新的學校具有以下五項特徵：

1.塑造學校發展願景，引領學校行政革新

願景(shared vision)就是大家共同努力的方向。就產業界而言，不斷提升產品及服務的品質是一個組織所有部門及成員共同

努力的方向，就學校行政而言，學校教育目標的達成是大家共同努力的方向。全面品質管理型態的學校特別致力於教職員生以及家長共識的經常性經營，讓所有參與的人員都能在不知不覺中朝一致的方向努力。

2.建立學校行政預警系統，發揮「思患預防」的功能

全面品質管理型態的學校採用「事先預防」的觀念，一方面打破以「危機處理」為主軸的行政管理模式，改採預防可能問題的發生，以免造成無可彌補的傷害；另一方面對於任何行政措施先經過縝密的思考，並經小規模地試行取得共識之後再全面推展，以便能落實實施。

3.實施團隊合作的模式，發揮組織的整體功能

依據「環環相扣，相互倚賴」的觀點，學校效能的充分發揮有賴所有處室、所有教師、學生以及家長的共同努力。全面品質管理型態之學校，打破學校各處室(尤指人事、會計)之間、行政人員與教師之間、教師與學生之間、學校與家長之間各自為政的現象，建立堅實的學校教育團隊。

4.充分掌握「顧客」需求，表現適切的行政作為

全面品質管理型態的學校，其行政運作時時以顧客至上的理念為先。對內部顧客而言，能充分了解教師的反應、學生的感受，並能使年級與年級之間相互了解彼此的需要；對外部顧客而言，能符合上級教育行政機關所訂的教育目標，並獲得上一層級

學校以及社區的肯定。

5.成為學習型組織，持續提升學校品質

全面品質管理型態的學校以持續改進為手段，不斷追求內部運作及產品品質的提升。就內部品質提升而言，必須仰賴所有教職員工甚至家長不斷地主動學習、成長，也就是學習型組織的建立。因此，全面品質管理型態的學校必定鼓勵教職員生及家長參與各種正式與非正式的研討進修活動，全面提升學校成員的品質。

6.建立各項資訊，客觀參照依據

全面品質管理型態之學校不斷蒐集、分析整理可信資訊，建立易於存取之資料庫，並據之作為持續改進的依據。此一資料庫的內容包括學生行為、教職員態度、教育成果、教育過程、教育資源、學習對象以及成本分析等。

肆 ▷► 結語

全面品質管理型態之學校，在良好的品質管制之下，必能發揮學校整體的力量，不斷提升學校教育的品質，為國家社會的永續發展注入新的生命力。惟全面品質管理在學校能否落實實施，上級教育行政機關扮演著相當重要的角色。沒有上級教育行政機

關的支持與配合，全面品質管理型態之學校是不可能實現的。

校務參與規準、參與程度及參與類型之探討

壹▷► 前言

　　校務運作的品質取決於學校行政、教師會以及家長會三者能否蘊育良性互動的機制，而激發三者之間良性互動的關鍵在於運作規準的建立。明確的運作規準使三者適時參與校務，充分發揮所能，永續創造學校經營績效。謹就學校行政、教師會及家長會參與校務運作應遵守的規準以及參與程度，討論如下：

貳▷► 校務運作參與之規準

　　學校行政、教師會及家長會參與校務運作的依據，主要取決

於三項規準，第一是重要性，其次是相關性，第三是專業能力(謝文全，民82；顏火龍，民74；Bridge, 1967; Owens, 1987;)，分別說明如下：

1.重要性

校務事項的重要程度，是主辦單位據以決定是否邀請其它單位及人員參與、邀請哪些單位及人員參與，以及參與程度的第一個規準。愈重要的事項愈需要廣泛的人員參與，參與的程度也愈高。

2.相關性

校務事項與當事人權利義務的相關程度，是主辦單位用以決定是否邀請其它單位及人員參與、邀請哪些單位及人員參與，以及參與程度的第二個規準。與學校行政人員有關，則相關學校行政人員應有參與的機會；與教師有關，則相關教師應有參與的機會；與家長有關，則相關家長應有參與的機會。

3.專業能力

專業能力是主辦單位決定是否邀請其它單位及人員參與、邀請哪些單位及人員參與，以及參與程度的第三個規準。具備必要能力者才能針對校務決定事項提出建設性的意見，達到提升校務決定品質的目的，因此，單位及個人的能力是主辦單位選擇參與校務決定人選的另一重要規準。

參 ▷► 校務運作參與程度

參與校務運作依參與程度之高低依序可分為五種：第一種為共同議決，第二種為參與規畫，第三種為意見諮詢，第四種為告知，第五種為不參與(顏火龍，民 74；Hoy & Miskel, 1991)。分別說明如下：

1.共同議決

指由主辦單位廣泛邀集相關人員一起討論以求獲致最後校務決定的方式，當獲致共識或結論方可實施，否則就不得逕行執行。共同議決通常由主辦單位召開正式會議實施之。

2.參與規畫

指由主辦單位邀請相關單位人員代表一起討論以便獲致決定的方式，通常由主辦單位邀請相關人員組成委員會實施之。參與規畫與共同議決之間主要的差別有二項：其一，參與共同議決的人員比較廣泛，參與規畫的人員比較少而且是經過選擇的；其二，實施共同決定時，最後的決定必須經過表決才算正式定案，而參與規畫則是透過專業判斷由主辦單位做最後決定。

3.意見諮詢

指主辦單位在形成最後校務決定的一定時間之前,以書面或口頭方式,廣泛徵求相關人員提出改進意見,做為校務決定的參考,以提升校務決定的適切性、周延性及可行性。意見諮詢通常以非正式會議或書面通知方式實施之。

4.告知

指主辦單位在形成校務決定之後以書面或口頭方式通知相關單位及人員,事前不須徵詢其它單位及人員的意見,但此決定有必要讓有關單位及人員了解,因此主辦單位必須在事後確實傳達此一訊息。告知通常包括書面通知或口頭通知兩種方式,通知時可採用個別通知或公告兩種途徑。

5.不參與

指由主辦單位逕行做成校務決定,事前不需徵詢其它單位及人員的意見,事後也不必告知其它單位及人員。

肆▷►校務運作參與類型分析

依據三項參與規準,共可交叉區分出八種類型,這八種類型與五種參與程度之間的關係如下(請參閱圖一、圖二):

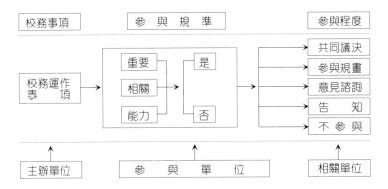

圖一　校務運作參與規準關係

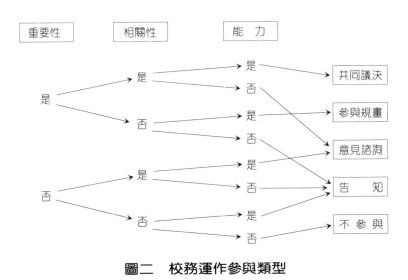

圖二　校務運作參與類型

1.「重要－相關－有專業能力」型

指重要校務事項主辦單位必須透過具備專業能力之單位的參與共同決定之。

2.「重要－相關－無專業能力」型

指重要校務事項主辦單位必須徵詢相關單位的意見以形成最後決定。

3.「重要－不相關－有專業能力」型

指重要校務事項主辦單位必須邀請具有專業能力之單位的參與規畫以形成最後決定。

4.「重要－不相關－無專業能力」型

指重要校務事項主辦單位在形成最後決定之後必須告知其它單位。

5.「不重要－相關－有專業能力」型

指非重要校務事項主辦單位必須要徵詢相關單位意見以形成最後決定。

6.「不重要－相關－無專業能力」型

指非重要校務事項主辦單位必須在形成最後決定之後告知其它單位。

7.「不重要－不相關－有專業能力」型

指非重要校務事項主辦單位必須進行意見徵詢以形成最後決定。

8.「不重要－不相關－無專業能力」型

指非重要校務事項主辦單位自行決定即可。

伍 ▷▶ 結語

學校行政、教師、家長如能各守分際，在其主辦事務之內有能、有權也有責，在協辦事務上也能適時、適量地參與，如此，必能發揮強大的團隊力量，共同為孩子創造出美好的學習環境。

參考文獻

謝文全(民82)。教育行政——理論與實務(八版)。台北市：文景。

顏火龍(民74)。臺北市國民小學教師參與學校行政決定意願之研究。國立政治大學教育研究所未出版博士論文。

Bridge, E. M. (1967)。A model for shared decision making in the school principalship. *Educational Administration Quarterly, 3* (1), *52.*

Hoy, W. K., & Miskel, C. G. (1991). *Educational administration: Theory, research, and practice* (4th ed.). New York: McGraw-Hill.

Owens, R. G. (1987). *Organizational behavior* (3rd ed.). Englewood Cliffs, NJ: Prentice-Hall.

學校─家長夥伴關係

壹▷►前言

　　良好的家長關係是有效能學校的外部指標，與學校環境、課程、教學、行政、教師、學生等內部指標，交互影響學校教育的成效。

　　學校與家長的關係，是近十年來國外教育學者關心的一個新的主題。許多研究(如：吳武典、林繼盛，民74；Epstein & Dauber, 1991；Rosenholtz, 1989；Wilson & Corcoran, 1988)指出，經由家長的參與(involvement)，以建立穩定的學校─家長夥伴關係(partnership)，是提升學校效能、提高競爭能力的重要途徑。尤其在社會結構轉變的影響下，職業婦女增加，學童與家長相處型態改變，學校要如何建立良好的關係，使家長成為增進學校教育效能的助力，而不是阻力，是當今學校面臨的重要問題。

本文以家長參與爲中心，分析有效的學校—家長關係。全文共分三部分，第一部分敘述家長參與的意義、發展沿革、參與的類型，以及相關的實證研究結果；第二部分分析影響家長參與的因素；第三部分討論如何建立學校—家長的夥伴關係。

貳 ▷► 家長參與的意義、發展沿革、參與的類型以及相關研究

(一) 家長參與的意義

家長參與是指學生家長與學校良性互動的過程，包括家長到學校參與教育活動，以及在家配合子女就讀學校學習活動的要求。主要的目的在透過家長的參與，使學校能更深入了解每一學童的不同需求，家長能更了解並關心自己子女的學習情形。另外，由於學校與家長經常聯繫，也可以在有形與無形之中，改變家長對於子女的教育觀念與態度，使家長了解如何幫助子女成長與學習。

在美國，幼兒教育階段最先推動家長參與的觀念與作法。推動之初，不同的幼教單位，容許家長參與的程度各異。有的僅容許家長參與例行性及事務性的工作(如：開家長會、詢問子女學習情形)，有的容許家長到校參觀教學，或協助教師教學。

另外，在推動的過程中，某些法案所推展的方案，對於推動家長參與有相當大的貢獻。如一九六四年的經濟機會法案(Economic Opportunity Act)的 Head Start 方案，就要求家長要排除萬難，多參與(maximum feasible participation)規畫子女學習的內容、協助教師教學、辦理家長活動，以及指導子女學習。一九七五年的殘障教育法案(Education of All Handicapped Children Act)，要求家長必須參與規畫子女的「個別化教育方案」(individualized education program，簡稱 IEP)。一九八六年的殘障教育法修正條文(The 1986 Education of the Handicapped Act Amendments)，亦要求家長必須參與規畫「個別化家長服務計畫」(individualized family service plan，簡稱 IFSP)。

　　一九八〇年代的美國，由於中小學教育問題層出不窮，教育學者開始呼籲家長共同參與改進學校教育(如：American Association of School Administrators, 1991; Bloom, 1986; Boyer, 1991)。十年之後，克林頓(Bill Clinton)就任總統，大力提倡家庭功能的重要性，同時，美國的中小學進入「重整」(restructuring)階段，許多地區開始實施「學校本位管理」(site-based management)的模式，積極鼓勵家長參與學校教育的規畫。從此，奠定「教育不僅是學校的責任，也是家長的責任」的觀念。

　　我國不論在幼稚園或中小學階段，家長參與的觀念仍處於萌芽階段。部分中小學或幼稚園過去有所謂的「愛心媽媽」，參與協助交通導護、或協助整理學校圖書等事務性的工作。近來，部分學校徵求「愛心家長」，參與協助教學或臨時代課等，突破過去教師一人獨行的教學禁忌。也有部分學校成立「家長成長團體」，試圖建立良好的親師關係，增進家長的教學、輔導觀念及技巧。而存在已久的家長會，未能發揮「教育」的功能，則是眾

所皆知的事。不過，這兩年來，家長會應有的教育功能已經日漸
受到重視(林天祐、柯平順，民85)。

(二) 家長參與的發展沿革

家是最原始的教室，父母是這教室中的第一位教師。兒童在
家中與父母、兄弟姐妹等親人的互動過程，就是最自然的教育活
動，因此，在正式學校未成立以前，所有教育活動都是在家庭中
進行的。學校成立之後，兒童教育活動的重心，漸漸由家長轉移
到學校。隨著社會發展的需要，學校組織愈嚴密，功能愈加強，
家庭的教育功能相對萎縮，學校成為兒童教育活動的主要場所。

然而，近十年來，在小家庭增加、職業婦女遽增、單親家庭
日增等因素影響之下，學生偏差行為大增，學生成就降低，形成
教育的危機。學者研究發現(如：Berger, 1995; Silvern, 1988; Wat-
son, Brown, & Swick, 1983)，缺乏連續性(continuity)以及統整性
(integrity)的兒童學習經驗，是造成教育成效不彰的主要因素之
一。學者 Lombardi (1992)進一步指出，連續性、統整性的學習經
驗的提供，有賴學校、家長、以及其它社區人士的共同努力。

許多實證研究均支持家長在提升學校教育效能上扮演重要的
角色。研究指出(Beecher, 1985; United States Department of Educa-
tion, 1986)，家長愈參與學校教育活動，子女的學習成就愈高。一
個有效能的學校，必須能使家長參與並配合學校教育活動，讓學
童有連續性、統整性的學習環境。由於家長的參與，家長了解如
何配合子女的學習活動，教師及學校行政人員可以更了解並配合

家長的需要，學生—家長緊密結合的結果，讓學校的教育效果得以延續、統整(Lyons, Robbins, & Smith, 1983)。

(三)家長參與的類型

家長參與學校教育活動的方式很多，實施過的方式主要包括四種類型。第一種類型是配合學校教育的需要，協助做好子女就學準備。第二種類型是學校與家長進行各種聯絡溝通，使家長了解自己所應扮演的角色。第三種類型是家長到學校擔任義工或教學助理。第四種類型是家長在家中指導或參與子女的學習活動。第五種類型是透過家長會活動，參與學校校務計畫(Epstein & Dauber, 1991)。

由於家長參與的情形日受重視，有關的研究相當熱烈，Davies(1991)綜合分析九位學者的研究結果之後，提出三種新的思考方向。第一個方向是，肯定所有的兒童，不論社經條件如何，都有能力在學校中成功地學習。第二個方向是，強調兒童身心的發展情形與學習成效息息相關，學校及家長要同時兼顧兒童各方面的均衡發展。第三個方向是，兒童的學習與成長是學校與家庭雙方面的責任。

家長參與的類型，由過去重視參與的量、以及片段的參與，逐漸轉變為重視參與的質及整合性的參與，這種轉變，代表新的家長參與模式的開始。

(四) 家長參與的有關實證研究

家長參與學校教育活動的相關研究甚多，依據Fullan(1991)的分析，大致可分爲兩大類：第一類是教學方面的參與(instructionally related involvement)，另一類是非教學方面的參與(non-instructionally related involvement)。

1.教學方面的參與

有的研究以學校爲對象，分析家長參與教學與子女學習的關係(如：Clark, Lotto, & MacCarthy, 1980)。研究發現，愈成功的學校愈願意讓家長到教室參觀，以及協助教師教學，而且家長熱烈參與學校教學的學校，學童的學業成就普遍較佳。另外，Barth(1979, 1990)綜合分析以家長爲對象的有關研究發現，愈能配合學校教學活動的家長，其子女的學習情形愈好，更難得的是，即使在學習困難度較高的問題，也能學得很好。研究同時也發現部分負面結果，如教師要花更多額外的時間指導家長配合，以及教師對於家長缺乏信心，甚至教師與家長產生摩擦。

有些研究也發現，並非所有的家長均願意參與學校的教學活動，也不是所有的學校及教師都接納家長的參與。Becker(1981)的研究即發現，雖然大多數的小學教師及家長肯定家長參與以及配合學校學習活動的重要性，但是只有極少數的教師曾經設計讓家長配合參與的活動。主動設計各種配合活動的教師，比較願意讓家長參與教室的活動，其它的教師則認爲家長不會有興趣參與。

Epstein(1986)的研究也有類似的結論，受訪的研究對象中，接近六成(58%)的家長從未從教師處獲悉任何配合子女學習的要求，而且如果教師告訴家長如何進行，有超過八成的家長願意在家中協助、指導子女學習。進一步的研究發現，如果教師未設計家長配合活動，家長是否協助子女學習，主要取決於家長的教育背景(Silvern, 1988)。

2.非教學方面的參與

在非教學方面的參與方面，研究也相當多。如威斯康辛大學麥迪遜校區(University of Wisconsin at Madison)，針對不同類型的中小學進行系列個案研究結果顯示，家長參與非教學方面的活動情形，與子女的學習成就並無任何關係(引自 Fullan, 1992, p. 237)。其它的研究(如：Mortimore, Sammons, Stoll, Lewis, & Ecob, 1988)亦指出，家長會的存在與學校效能並無直接的關係。一般而言，家長參與校務活動的情形，與子女的學習成就也沒有什麼關係(Bowles, 1980)。

Lucas、Lusthaus 及 Gibbs (1978～1979)對於中小學家長會所舉辦的活動，進行內容分析發現：家長會不常討論實質的教育問題，討論會以傳達訊息為主，對於教育興革事項未能著墨，而且討論的問題大部分是學校行政人員事先擬議的。相關的研究(如：Melaragno, Lyons, & Sparks, 1981)指出，健全的家長會只有在教育行政單位訂有明確的規範，並給予支持、監督之下，才有可能存在。

實際情形而言，一方面家長參與家長會活動的意願不高，另

一方面家長會組織本身也不健全，加上家長對於家長會的運作方式及程序也不熟悉，因此，家長會的影響力相當有限。但隨著社會對於學校教育品質要求的提高，學者們認為，健全的家長會是促進學校教育進步的一項重要因素(吳清山、林天祐，民 83；Moore, Soltman, Steinberg, Maner, & Fogel, 1983)。

參▷►影響家長參與的因素

家長與學校的合作，不僅強化學校教育的效果，並給學校注入了活力。學校與家庭是不可分離的，學校教育的效果必須靠家長來維持與強化，有了家長的配合，學校教育的效果才不致於打折扣。但是研究顯示，家長參與學校教育活動的情形並不熱烈，其原因不外乎受到學校因素、教師因素，以及家長因素的影響，分述如下：

(一) 學校方面的因素

在學校因素方面，學校氣氛與學校政策是影響家長參與的兩大因素。學校氣氛是指學校給予人的一種特別的感覺，例如有的學校讓人有賓至如歸的感覺，有的學校讓人有敬而遠之的感覺。這些感覺在第一次與學校接觸的時候，就可以感受得到。一個開放、融洽的學校，讓家長願意接近；反之，一個封閉、尷尬的學

校，讓家長不願接近。

學校的氣氛是無形的，學校的政策是看得到的。有些學校認為家長參與是對教育專業的干預，根本不願意讓家長與學校教師接觸。另外，有的學校雖然願意與家長溝通、接觸，但是並未考慮家長的時間限制，當家長有空的時候(如上班前、下班後)，學校卻沒人可以聯繫，這種情形也會阻礙家長參與的意願。

(二) 教師方面的因素

教師是學生家長最直接接觸、也是接觸最頻繁的學校成員，如果教師願意積極鼓勵家長參與學校教育活動，家長參與的情形明顯增加。但是研究發現，教師不太主動鼓勵家長參與，有的老師甚至拒絕家長的參與，究其原因主要有四種情形(Gestwicki, 1992)：

第一種原因是教師本身害怕受到家長的批評。Gestwicki (1992)發現，許多教師懼怕家長的批評，為了避免受到批評，寧願喪失寶貴的家長資源，也不願讓家長參與。尤其愈沒有經驗、愈沒有自信的教師，愈擔心家長的參與。

第二種原因是教師本身不知如何讓家長參與。Williams (1992)的研究發現，雖然受訪對象肯定家長參與學校教育活動的重要性，但卻有九成的受訪教師表示，必須進一步接受在職訓練，才能充分了解如何導引家長參與。

第三種原因是教師個性保守，不知如何與家長應對。生性保守的教師，不擅於社交，因此，不願意與家長多接觸，久而久

之，教師與家長漸漸疏離，親師合作變為不可能。

第四種原因是教師本身缺乏嫻熟的人際溝通技巧。教師大部分時間都是在從事教學溝通的工作，但是教學溝通畢竟不同於人際溝通，人際之間的溝通方式運用不當，常造成負面的效果。例如：命令式、警告式、責備式及說教式的溝通方式，容易造成對方的防衛及反抗心理。缺乏人際溝通技巧的教師，往往在不知不覺之中，拉大了親師之間的距離。

(三) 家長方面的因素

影響家長參與的第三個因素是家長本身。家長本身條件的不同，參與的意願及頻率也會受到影響，這些條件包括：教育程度、工作性質、人格特質，以及心理因素。

1.家長的教育程度

相對而言，教育程度較佳的家長，比較關心子女的教育，也比較有能力參與子女的學習活動，如果時間允許，教育程度愈高的家長，愈能參與學校教育活動。相反的，教育程度較低的家長，比較沒有辦法配合學校的要求。

2.家長的工作性質

有些家長工作時間較長或流動性高，無暇參與子女的學習活動。有些家長工作時間較短，或較有彈性，甚至賦閒在家，有較多的時間參與子女的學習活動。對於工作繁忙的家長而言，參與

子女教育活動是一件可遇而不可求的事，對於比較有時間的家長來說，參與子女教育活動的可能性較高。

3.家長的心理因素

家長與子女是一體的兩面，子女的一言一行、一舉一動，以及學習表現的好壞，都帶給家長相當大的壓力。家長一方面希望自己的子女不會輸給別人，另一方面又害怕自己的子女被別人比下去，子女不如人連帶地也給家長不如人的感覺。因此，許多家長有避免與學校接觸的傾向，深恐沒有面子，尤其知悉自己子女的表現不佳時，更是如此，而造成了惡性循環。

另外，一般人有一種共同的特性，就是對於與自己比較一致的訊息或特徵，比較容易接受或接近，而與自己的經驗或信念不一致的訊息或特徵，容易產生排斥現象。因此，如果發現教師的行為方式或期望與自己不合，多數的家長會不太願意與教師接觸。

而家長對於教師的不信任，也是造成家長不樂意與教師接近的原因。根據 Yankelovich、Skelly、White 公司(1977)的報告，有一半的受訪家長很不放心把子女留在學校，因為他們無法預期自己的子女在學校會受到何種待遇。家長擔心，如果多說話可能會使子女受到不公平的待遇，所以少說為妙。

同時，也有少數的家長認為參與學校教育活動，是對學校以及教師不尊重，害怕傷害教師的專業地位及形象，影響學校的教學。所以把教育的責任全權委託給學校，本身與學校保持一定的距離。

以上爲便利分析，把學校、教師、以及家長三個影響因素分開敘述。事實上，這三類因素常交織而成，共同影響家長參與的意願及程度。如：教師不願意家長參與時，即使家長多熱心，也是沒用；或家長雖然有足夠的時間，但心理上根本拒絕參與，有時間也沒有用。這種交互作用的情形，值得注意及重視。

肆 ▷► 建立「學校─家長」夥伴關係的途徑

有效能的學校能透過家長的參與，與家長建立起密切的夥伴關係，讓家長分享學校教育成果的喜悅，分擔學校教育的責任，使學校的教育效果能更紮實、持久。本節旨在探討如何建立學校─家長夥伴關係，共分三小節。第一小節探討建立成功夥伴關係的條件，第二小節分析建立學校─家長夥伴關係的策略，第三小節提供建立學校─家長夥伴關係的具體作法。

(一) 建立成功夥伴關係的條件

夥伴關係的建立並非一朝一夕可得，也非憑空就可建立，學校以及教師必須妥善規畫才有效果，在規畫過程中，首先要注意的便是創造有利的條件。根據 Gestwicki (1992)的分析，有利於夥伴關係建立的條件有六項，分別是：學校行政的支持與推動、教師的接納、教師有適當的時間、教師具有良好的溝通技術、家長

有選擇不同參與方式的機會，以及家長了解學校的政策及期望。

1.學校行政的支持與推動

學校行政人員及行政活動的支援，是營建良好的學校—家長夥伴關係的首要條件，沒有行政的支持，也就失去了推動的力量。學校行政的支持包括：宣導夥伴關係的重要性、肯定教職員對於建立夥伴關係的努力、提供教師可用的彈性時間及空間，及協調統整推動的策略與計畫。有了這些行政的支持，站在第一線負責執行的教師，就有了動力。

2.教師的接納

教師與家長的接觸最直接、也最頻繁，因此，在建立夥伴關係上，具有關鍵性的影響力。教師過去一向認為，與家長維持一定的距離，是表現專業能力與地位的方式，而這種觀念事實上阻礙了學校家長之間夥伴關係的建立。唯有在教師接納家長參與的觀念之後，夥伴關係的建立才有可能。教師接納的觀念包括：家長有能力參與子女學習活動的規畫及執行、以及家長有責任共同分擔子女的學習責任。教師有了這些觀念之後，學校與家長夥伴關係的建立，就容易水到渠成。

3.教師有適當的時間

教師有充分的時間與家長進行溝通交流活動，是推動夥伴關係的另一要素。適當的時間是指，教師能彈性安排自己的時間，以配合家長的時間，這種安排通常要利用下班後或上班前的時

間。如果教師必須在上班以外的時間與家長作必要的聯繫，學校行政人員必須同意讓教師補假或發給加班費。這種時間的彈性安排，是增進學校—家長夥伴關係的必要條件。

4.教師具有良好的溝通技術

教師與家長的聯繫，靠的就是溝通，要使家長產生參與的動機與意願，教師的溝通技術佔有重要的地位。據 Canter (1989)的研究，要使家長協助、支持學校，最好的方法是讓家長了解教師對其子女的關心。另外，肯定、自信的自我表達方式，也有助於家長對於教師的信任；使用家長容易接受的詞句，並仔細聆聽家長的意見，不致形成雙方的誤解。這些都是增進學校—家長夥伴關係的有利因素。

5.家長有選擇不同參與方式的機會

提供不同形式的活動，讓家長選擇最適合自己條件的參與方式，是促進夥伴關係建立的重要因素。為提供多元的參與方式，活動的方式可在時間、地點、以及內容方面做變化，同時，教師必須向家長詳細解說，使家長了解如何選擇。當然，在規畫設計之前，教師必須事先了解家長的個別需要，以及有那些有效的方式。

6.家長了解學校的政策及期望

讓家長了解學校的期望與要求，是建立學校—家長夥伴關係的基礎，因為，家長愈了解自己的責任與義務，愈能配合學校的

要求。家長手冊是增進家長了解學校教育活動，以及自己在子女學習活動中所扮演的角色。家長手冊的內容可包括：學校的政策及努力方向、兒童發展情形、學校各種教育活動、以及家長配合事項等。

以上六項是推動學校─家長夥伴關係的基本條件，缺乏這些條件，有再好的策略也是徒然，具備了這些條件之後，再採行有效的策略以及具體的作法，即可相得亦彰，事半功倍。

(二) 建立學校─家長夥伴關係的策略

策略是達成目標的重要手段，也是具體行動的指導方針。綜合學者的研究(Berger, 1995; Davies, 1987; Gestwicki, 1992; Stouffer, 1992; Wheeler, 1992)，建立學校─家長夥伴關係的策略可包括四項，第一項是普遍邀請家長參與學校教育活動，第二項是擴大家長在家配合學校教育活動的參與，第三項是增進教師規畫、設計家長參與活動的意願與能力，第四項是提高家長參與的意願與能力。前兩項是以增加參與機會為主，後兩項是以提高參與意願及能力為主。

第一項策略是以學校為中心，目的在提供多樣化的家長參與活動，以增加家長與學校聯繫的機會。由於各種研究顯示，家長參與學校教育活動，尤其是參與子女的學習活動，是促進夥伴關係的重要因素，因此，提供機會讓家長參與學校教育活動，是建立學校─家長夥伴關係的首要策略。另因各個家長的主客觀條件不同，所以學校必須提供各種不同的活動方式，以吸引家長的參

與。

第二項策略是以家庭為中心，目的在透過教師的教學活動設計，引導家長在家中參與子女的學習活動。學校是家庭的延伸，家庭是學校的資源，在鼓勵家長參與學校教育活動中，因為家長關心子女的學習情形，在家中配合教師參與子女的學習活動，是最容易實施也是最直接、有效的方式。適當的活動設計，可以使家長在不知不覺之中持續參與學校的教育活動，形成堅實的夥伴關係。

第三項策略是以教師為中心，主要的目的有兩個，首先在使教師接納並認同家長參與的觀念，同時願意設計各種適合家長到校或在家參與的活動，使家長能盡可能參與。其次在教師具備家長參與的意願之後，教師還必須要知道，如何設計各類有效的家長參與活動，以及如何與家長進行有效的面對面或書面溝通及聯繫。教師願意且有能力設計、實施家長參與的活動，學校—家長夥伴關係才能落實。

第四項策略是以家長為中心，主要的目的也有兩個，首先在使家長了解參與學校教育活動對於子女學習的重要性，提高家長參與的意願，使家長願意盡量安排時間參與子女的教育活動。其次在使家長了解如何在家中參與子女的學習活動，並設計各種適宜的教育情境與活動。家長參與子女學習之後，更能了解自己在子女學習過程中所扮演的角色，增進參與的責任感。

這四項策略是以學校為主體，透過學校的支持以及教師的規畫與推動，使學校與家庭密切合作，這種密切合作的關係，是形成學校—家長夥伴關係的基礎。

(三) 建立學校─家長夥伴關係的具體作法

有效的策略必須靠具體的行動來落實，以下依據前述四項策略，參考學者專家的意見，提出建立學校─家長夥伴關係的具體建議。

1.普遍邀請家長參與學校教育活動方面

(1)學校及教師採取「開放」(open-door)的政策，隨時歡迎家長到學校以及教室中。這種隨時來談的方式，可以在問題發生之前事先獲悉一些徵兆，並事先予以預防，使學校與家長之間維持和諧的關係。傳統所謂「要來之前請先預約」、「有問題隨時來訪」的方式，都是問題已經產生或即將產生時，才與學校接觸、聯繫，此時，雙方要面對的是不愉快的情境，容易累積家長的不愉快經驗。

(2)學校可以擴大家長參與的範圍，如協助現有的家長會成立諮詢委員會(advisory council)，諮詢委員會的目的在提供教育興革建議，以供學校參考。學校在進行計畫、執行教育活動時，可以參考家長的意見。雖然學校不可能完全按照家長的意見來做，但是研究顯示，讓家長參與學校校務計畫，對於增進家長與學校的關係，有相當大的助益。

(3)學校如計畫增添育樂設施，或教師想要在教室中規畫增置新的學習設施時，可邀請家長共襄盛舉。一方面增加家長參與的機會，另一方面家長通常比較願意做具有紀念性質的事項。這類

的參與活動是促進學校家長良性互動的基礎，也是建立夥伴關係的起點。更有意義的是，子女會以家長為榮，良性循環的結果，家長參與的情形會愈熱烈。

(4)協助家長會舉辦「跳蚤市場」，由家長自由捐贈各類物品，組成不同的攤位，熱烈地展開物品展售嘉年華會。由於捐贈的物品可不拘形式或價位，家長都能參與捐贈，家長一有捐贈，對於這項活動會比較關心，參與會比較熱烈，參與層面相對擴大，所有收入也可作為學校的教育活動基金。

(5)各班教師亦可實施「圖書交換」活動，讓學生與家長共同挑選出已經閱讀過很多次，暫時不看的書籍，拿到學校中與班上的其它同學交換。許多塵封已久又不忍丟棄的書籍，透過交換的方式，不僅可以互通有無，也可以重新獲得青睞。而在圖書交通換活動過程中，家長已經再次獲得參與的機會。

(6)各班可透過調查的方式，了解所有家長的專長，並邀請家長到校貢獻所長。這裡所謂的專長，並不限於專門性的高深知識或技能，亦可包括家長平日常做或比較熟悉的項目。如限制專門性的專長，家長參與的層面會受到影響，因此，必須是運用家長一般性的專長，參與的家長才會比較普遍。如：插插花、種種樹、做做點心、說說故事等，都是很好的例子。

(7)教師可商請家長協助班級教學，或參與校外教學活動。家長參與協助教學，一向被學校及教師視為禁忌，但許多研究均肯定家長協助教學的作法，而且發現對於學童的學習有正面的效果，而過去廣受學校採用的參與導護、整理圖書等作法，僅減少了學校本身本來就可以做也必須做的事務性工作，對於學童的學

習並無幫助。因為參與教學的結果，有助於子女的學習成效，家長因此會更樂於參與。

2.擴大家長在家配合學校教育活動的參與方面

(1)教師所設計的完整學習活動單，可以配合家庭作業或學習活動，讓家長共同參與子女的學習。這種要求家長配合的活動，有時可以是讓家長指導子女學習，也可以是與子女共同合作完成某種學習活動，也可能是子女自己學習，家長參與檢核學習結果。不論採用何種方式，都要考慮家長是否有時間、有能力配合。要求都市家長採桑葉養蠶，要求鄉村家長與子女討論火車的特徵等為難家長的作法，只會徒增家長的反感。必須注意的是，家長的配合，只是增進家長參與的一種手段，其最終的目的是在引起家長共同參與的責任感，而不是在減輕教師的負擔。

(2)為達到家長配合子女學習的效果，教師所設計的家庭作業，要以延伸學校學習活動為主，簡短但固定都有作業的方式，比多而不定期的作業方式來得有效(Cooper, 1989)，也比較容易獲得家長的配合。同時，教師要向家長詳細說明如何配合學童做作業，也要讓家長知道教師評分的標準，如遲交要扣分等。每一項作業都由教師親自批改，並肯定優良的作業(Canter & Hausner, 1987; Radencich & Schumm, 1988)。

(3)教師可以建議家長，利用家中可利用的空間，成立大小不拘的「學習資源室」或「小小圖書館」等類似的場所，使子女能有充足的學習資源。根據 Silvern(1991)以及 United States Department of Education (1986)的研究，除教育背景較佳的家長外，其餘

的家長不知如何在家中，替子女建立一個適合其學習需要的環境。因此，教師有必要以自己的專業知識，指引家長安排一個適合子女學習的空間，如：逐步充實必備的語文類圖書、數學類圖書、自然科學類圖書等資料。有了這些資源，家長參與子女學習的機會便相對擴大。

(4)除了在家中參與子女的學習活動外，教師亦可設計各種與日常生活相關的學習活動，這些活動可透過家長共同完成。例如：到附近散步，了解社區環境；逛百貨公司公司，認識各式各樣的物品；參觀博物館，認識古蹟文物；參觀機場，了解航空運輸。這些活動，只要家長平常稍加注意，就可以使子女學習到很有意義的事情。這種擴大學習圈的設計要特別注意彈性原則，要以大單元為主題(如：日常生活)，否則(如：機場)很多家長是做不到的。

3.增進教師規畫、設計家長參與活動的意願與能力方面

(1)學校校長積極推動的態度及作法，是增進教師意願的重要因素。一位新任校長就任，所有教職員最關心的是，校長有何新的期許，這些期許是教師注目的焦點，也是大家認為必須配合的事項。因此，校長如能隨時關心家長參與的情況，並親自參與推動家長參與的活動，勢必能引導教師參與的意願。同時，校長對於教師努力推動家長參與的成果，如能予以肯定，給予適時的增強，將更有助於全面的推動。

(2)建立初任教師「師徒制度」，運用有經驗的教師，指導沒經驗的教師。大部分的新進教師因為缺乏經驗，不知如何著手，

因此裹足不前，阻礙家長參與的推動意願。此時，推動家長參與的有經驗的教師，是化解此一問題的良方，有兩位以上的「師傅」給予定期及不定期的指導，可安生手教師的心，並輔導其逐漸獨當一面。

(3)評估教師需求，舉行學校本位的教師在職進修活動。從傳統的教師角色轉變為接納家長參與的角色，教師所應具有的態度與技能，也有重大的改變。依據 Berger(1995)的分析，這種新新教師要同時扮演教學、輔導、溝通、課程規畫、推銷、資料蒐集與發展、以及朋友的角色。要扮演好如此多元的角色，配合的在職進修活動是絕對必要的。另因各校的條件不一，需求情形也不同，各校必須自行規畫適合自己學校的進修活動，當然，教育行政單位要充分支持學校的進修活動。

(4)舉辦人際溝通訓練，增強教師親師溝通能力。教師所扮演的角色都必須以良好的溝通為基礎，依據 Gestwicki (1992)的分析，親師溝通的主要途徑包括七種，分別是日常交談、電話聯繫、聯絡單(簿)、公佈欄、今日要聞(daily flash)、親師通訊(newsletters)、以及喜悅分享。其中，今日要聞在使忙碌的家長能以最少的時間，獲得最重要的訊息；親師通訊可以增進家長對於學校的了解；喜悅分享是指教師把學童所學的相關資料，定期交由學童轉交家長，共同分享子女的學習成長。這些人際溝通的方法與技術，都必須經過不斷的學習。

4.提高家長參與的意願與能力方面

(1)建立歡迎家長參與的氣氛，是增進家長參與意願。建立夥

伴關係的第一步。歡迎的氣氛代表對家長的尊重，家長受到尊重，參與的意願便受到增強。氣氛的建立必須仰賴校長及其它行政人員的投入，在學校行政人員的帶領下，全校教職員及學生都會風行草偃，一致效法。

(2)歡迎家長參與必須相關條件的配合，而開闢「家長交誼廳」使隨時來訪的家長有一個輕鬆、自在的停留場所，是一項重要的配合條件。交誼廳的設施可由家長會設計規畫，但至少要有休息的沙發以及會談用的桌椅，如可能的話，報章雜誌以及學校的教育活動資料亦可陳放。交誼廳的設置，使家長更能感受自己是學校的一員，拉近學校與家長的距離。

(3)各個班級教師要充分了解家長的特質，並視其特質採取不同的因應策略，以提高家長參與的意願。個性內向的家長，主動給予協助及鼓勵；個性隨和的家長，多給予參與的機會；個性積極的家長，給予表現的機會。也要了解家長的專長，盡量運用家長的長處，避免觸及家長的短處。教師如能了解家長特質，並因勢利導，必能增進家長的參與意願。

(4)編印「家長手冊」，指導家長如何參與學校教育活動。家長手冊可以包括與子女學習有關的常識，並簡單介紹如何運用這些常識協助子女學習，如摘錄學童身心發展階段及特徵，並附一張檢核表，讓家長可以迅速檢視子女的發展情形；或介紹兒童上學恐懼症的可能原因，並提供預防的方法；或簡述青少年偏差行為的類型及成因，並介紹可用的相關社會資源；或提供增進學習效果的讀書方法，讓家長了解如何協助子女學習。家長手冊要簡明易懂容易使用；並以提供訊息讓家長參考的方式呈現，而非採

教導的口吻，如此，家長才願意接受，達到自我成長的目的。

　　以上作法是促進學校—家長夥伴關係的可行方式，各個學校在實施之前應先了解本身的條件以及家長的需求情形，做必要的調整，學校或教師也可自行設計其它可行的方法。最後，所有建立夥伴關係的努力，必須要把握三個重點：第一，重點放在建立學校—家長夥伴關係；第二，家長參與不等於家長干預；第三，成功的學習，學校、家長雙方都有責任。

吳武典、林繼盛(民 74)。加強家庭聯繫對兒童學習效果與家庭氣氛的影響。教育心理學報，*18*，97-116。

吳清山、林天祐(民 83)。全面品質管理及其在教育上的應用。初等教育學刊，*3*，1-28。

林天祐、柯平順(民 85)。國民中小學校長主任培育制度改革研究。初等教育學刊，*4*，63-88。

American Association of School Administrators (1991). *America 2000: Where school leaders stand.* Arlington, VA: Author.

Barth, R. (1979). Home based reinforcement of school behavior: A review and analysis. *Review of Educational Research, 49*(3), 436- 458.

Barth, R. (1990). *Improving school from within: Teachers, parents, and principals can make the difference.* San Francisco: Jossey-Bass.

Beecher, R. M. (1985). Parent involvement and reading achievement: A review of research and implications for practice. *Childhood Education, 62*(1), 44-49.

Becker, H. (1981). *Teacher practices of parent involvement at home.* Paper presented at the Annual Meeting of American Educational Research Association, San Francisco.

Berger, E. H. (1995). *Parents as partners in education: Families and schools working together* (4th ed.). Englewood Cliffs, NJ: Prentice-Hall.

Bloom, B. S. (1986). The home environment and school learning. In Study Group of National Assessment of Student Achievement (Ed.), *The nation's report card* (pp. 231-247). Washington, DC: U.S. Department of Education. (ERIC Document Reproduction Service No. ED 279 663)

Boyer, E. L. (1991). *Ready to learn: A mandate for the nation.* Princeton: The Carnegie Foundation for the Advancement of Teaching.

Bowles, D. (1980). *School-community relations, community support, and student achievement: A summary of findings.* Madison, WI: University of Wisconsin at Madison, R&D Center for Individualized Schooling.

Canter, L., & Hausner, L. (1987). *Homework without tears.* New York: Harper & Row.

Clark, D., Lotto, S., & MacCarthy, M. (1980). Factors associated with success in urban elementary schools. *Phi Delta Kappan, 61*(7), 467-470.

Cooper, H. (1989). *Homework.* New York: Longman.

Davies, D. (1987). Parent involvement in the public schools. *Education and Urban Society, 19*(2), 147-163.

Davies, D. (1991). Schools reaching out: Family, school, and community partnership for student success. *Phi Delta Kappan, 72*(5), 376-380, 382.

Epstein, J. L. (1986). Parents' reactions to teacher practices for parent involvement. *The Elementary School Journal, 86*(3), 277- 294.

Epstein, J. L., & Dauber, S. L. (1991). School programs and teacher practices of parent involvement in inner-city elementary and middle schools . *The Elementary School Journal, 91*(3), 289-305.

Fullan, M. G. (with Stiegelbauer, S). (1991). The meaning of educational change (2nd ed.). London: Cassell.

Gestwicki, C. (1992). *Home, school and community relations* (2nd ed.). Albany, NY: Delmar.

Lombardi, J. (1992). Beyond transition: Ensuring continuity in early childhood services. *Eric Digest.* Urbana, IL: ERIC Clearinghouse on Elementary and Early Childhood Education. (EDO-PS-92-3)

Lucas, B., Lusthaus, C., & Gibbs, H. (1978-1979). Parent advisory committees in Quebec: An experiment in mandated parental participation. *Interchange, 10*(1), 26-39.

Lyons, P., Robbins, A., & Smith, A. (1983). *Involving parents in schools: A handbook for participation.* Ypsilanti, MI: The High/ Scope Press.

Melaragno, R., Lyons, M., & Sparks, M. (1981). *Parents and federal education programs: Vol. 6. Parent involvement in Title I projects.* Santa Monica, CA: System Development Corporation.

Moore, D., Soltman, S., Steinberg, L., Manar, U., & Fogel, D. (1983). *Child advocacy and the schools.* Chicago: Designs for Change.

Moretimore, P., Sammons, P., Stoll, L., Lewis, D., & Ecob, R. (1988). *School matters: The junior years.* Sommerset, United Kingdom: Open Books.

Radencich, M. C., & Schumm, J. S. (1988). *How to help your child with homework.* Minneapolis: Free Spirit.

Rosenholtz, S. (1989). *Teachers' workplace: The social organization of schools.* New York: Longman.

Silvern, S. B. (1988). Continuity/discontinuity between home and early childhood education environments. *The Elementary School Journal, 89*(2), 147-159.

Silvern, S. B. (1991). *Literacy through family, community, and school interaction.* Greenwich, CT: JAI Press.

Stouffer, B. (1992). We can increase parent involvement in secondary schools. *NASSP Bulletin, 75,* 5-8.

United States Department of Education (1986). *What works: Research about teaching and learning.* Washington, DC: U. S. Printing Office.

Watson, T., Brown, M., & Swick, K. J. (1983). The relationship of parents' support to children's school achievement. *Child Welfare, 72*(2), 175-180.

Wheeler, P. (1992). Promoting parent involvement in secondary schools. *NASSP Bulletin, 76*(543), 28-35.

Williams, D. J., Jr. (1992). Parental involvement teacher preparation: Challenge to teacher education. In L. Kaplan (Ed.), *Education and the famlily* (pp. 43-52). Boston: Allyn & Bacon.

Wilson, B., & Corcoran, T. (1988). *Successful secondary schools: Visions of excellence in American public education.* Philadelphia: Falmer.

Yankelovich, Skelly, & White, Inc. (1977). *Raising children in a changing society: The General Mills American family report, 1976-1977.* Minneapolis: General Mills.

特許學校——公立學校組織再造的新機制

壹▷►緒論

　　美國自一九八○年代再次掀起教育改革的熱潮之後，十餘年來政府以及民間相繼提出多種改革方案，其中公立中小學學校組織的再造一直是教育改革的熱門話題，中小學學校系統也因此更形彈性與多樣化。

　　在過去，美國中小學主要包括公立學校(public schools)、私立學校(private schools)以及在家教育(home schooling)三個系統。一九八○年代，另類學校(alternative schools)、磁性學校(magnet schools)、校中校(school-within-school)、新式學校(new American schools)、理念聯合學校(coalition of essential schools)等新興學校相繼創設，開啓學校組織的再造運動。到了一九九○年代，教育選擇權(school choice)的觀念興起，家長爲子女選擇最適當學校的

權利受到重視，跨區入學、教育券(voucher)等革新措施再度掀起學校組織再造運動，而應時而起的特許學校(charter schools)，更使學校組織再造運動達到高峰。

　　一九八〇年代的學校組織再造運動，主要起因於政府、專家學者以及民間對於公立學校辦學績效的不信任，因此專家學者以及政府機構乃推動一連串的學校教育改革措施，除了課程與教學的革新之外，學校組織的革新也受到大家的關注，另類學校等脫胎於公立學校系統的學校便紛紛興起。這些學校基本上仍由政府經營，只是在課程與教學以及學校組織型態進行調整，以滿足家長對於公立學校的期望。

　　一九九〇年代以來，由於受到二十一世紀日漸逼近的壓力，美國民間對於公立學校的要求更為嚴苛，加上教師專業自主的呼聲日隆，強調專業自主的教師乃與不滿公立學校以及私立學校辦學理念的家長結合，推動由政府出資但是由教師及家長經營的特許學校。

　　特許學校一詞為美國教師聯合會(American Federation of Teachers)總裁 Albert Shanker 於一九八八年所創用，主要目的在向政府爭取由教師自主經營公立學校的特許權(charter)，透過教師專業素養以創造兼具教學特色與辦學績效的公立學校(NCREL, 1993)。隨後，經過支持者的持續推動，明尼蘇答州於一九九一年通過特許學校法(Charter School Law)，給予特許學校法律定位，而該州聖保羅市立中學(St. Paul City Academy)也於一九九二年順利取得特許，成為全美國第一所特許學校。至一九九六年全美國的特許學校已經超過三百所，一九九七年則增加至七百所，目前已經有

三十個州完成立法，共成立八百所特許學校。美國聯邦政府也於一九九八年訂頒聯邦特許學校法，美國克林頓總統預計在邁入公元二千年之前把特許學校增加爲三千所，使特許學校在全美八萬五千所公立學校當中，佔有一席之地(Minnesota University, Center for Applied Research and Educational Improvement, 1997; Nathan, 1997; Perkins-Gough, 1997; US Department of Education, 1998)。

貳 ▷ ► 特許學校的意義及特徵

特許學校開辦之初，學校是由教師來經營，但是五年來的發展，由於各州立法特色不一，經營模式也略有差異，部分特許學校仍限由教師經營，部分學校允許家長或非營利機構參與經營，而最早實施特許學校的明尼蘇答州，一九九七年修正特許學校法之後，更容許營業公司參與經營(The Center for Education Reform, 1998a)。雖然特許學校的經營型態略有差異，但就各州特許學校法的立法精神來分析，特許學校仍有相當一致的內涵及特徵，分述如下：

(一) 特許學校的意義

特許學校是經由州政府立法通過，特別允許教師、家長、教育專業團體或其它非營利機構等私人經營公家負擔經費的學校，

不受例行性教育行政規定約束之學校。這類學校雖然由政府負擔教育經費，但卻交給私人經營，除了必須達到雙方預定的教育成效之外，不受一般教育行政法規的限制，有例外特別許可的性質，所以稱之為「特許」學校(吳清山、林天祐，民87)。

　　進一步來說，特許學校是經過法律授權而產生的新興學校，其設立必須經過教師或其它人員擬具學校經營理念，向地方學區提出申請，經學區核轉州教育廳核定之。經教育廳「特許」後，多數的州會由申請人組成自治團體，獨立經營學校。經核准之特許學校像其它公立學校一樣，必須接受所有的學生，不得有任何的限制，所需經費也依據學生人數的多寡由政府從整體的教育經費中支出，如果其它公立學校的學生轉學到特許學校，原學校的學生單位經費也同時轉撥到新就讀的學校，如從私立學校轉學而來，則由政府撥給增加學生所需的經費。

　　特許學校與政府之間是一種契約關係(通常三至五年)，學校必須在契約規定期間保證達成雙方認可的經營目標。這種目標通常是以改進學校教學現狀為主，因此，多數屬於教育革新的實驗學校。也因為是教育實驗性質，所以特許學校通常可以免除例行性教育行政法規的限制，如各學科授課時數、教學進度、教師工作準則、薪資規定以及例行性的報表等。

(二) 特許學校的特徵

　　進一步分析相關法令及定義，特許學校具有法律定位、公立學校、教師經營、自主經營、績效責任、教育革新、契約行為等

七項特徵，分述如下(NCREL, 1993; Thomas & Borwege, 1996; US Charter Schools , 1997)：

1.法律定位

特許學校的設立依據為各州所訂的特許學校法，舉凡申請程序、申請條件、運作模式以及各州允許設立的校數，都由特許學校法統一規範。

2.公立學校

特許學校的經費由政府編列預算支應，編列標準與公立學校一樣，學校建築與設備也是政府所有，因此，特許學校基本上是一種公立學校。

3.教師經營

大多數特許學校由教師負責經營，少數容許家長及其它非營利或營利單位參與經營，這種經營方式與傳統上由學區遴選校長負責經營的方式大不相同。

4.自主經營

不論由教師經營或家長等其它單位或人員參與經營，多數的特許學校由教師等經營者組成自治團體，自主經營不受例行教育行政規章的約束。至於自主的項目，則以各州特許學校法之規定為範圍。

5.績效責任

特許學校在特許學校法的容許的範圍之內自主經營及運作，也因此必須自負經營績效責任。績效的評鑑完全以經營者以及政府雙方所約定的表現標準為依據。

6.教育革新

各州特許學校法的立法特色之一在於推動公立學校的教育革新，因此，申請者是否提出改進學校教育現況的具體方案，是影響特許學校能否核准設立的關鍵。也因此，特許學校大多數以課程與教學的革新實驗為主。

7.契約規範

特許學校是績效取向以及自主取向的，所以必須透過契約行為來監督、規範。契約年限通常在三到五年，契約時間之內學校如能達到預期目標就可以續約，否則即終止。

參▷►特許學校的經營模式

特許學校使用公立學校的資源，卻享有類似私立學校的經營自主權，這種介於公立學校與私立學校之間的特殊經營模式，為九○年代建立起新的學校組織典範，這種新的典範主要建構於發

展願景、組織與行政、課程與教學、績效評估、經費預算以及學生來源等六個層面，分述如下(Clinchy, 1994; Geske, 1997; Medler, 1997; NCREL, 1993b; Wohlstetter & Griffin, 1997）：

1.強烈的共同願景

多數的研究發現，由於特許學校必須經過脫胎換骨的過程才能獲得創設，因此，共同願景的塑造是一個重要的課題。此一願景獲得家長、學生、學校以及學區的強烈認同，並明確指出學校未來的改進課題與改進的具體方案。此一願景清楚地勾勒出學校、學生以及家長共同的努力方向，以及學校與其它公立學校的不同之處。願景一定，通常不再改變，除非此一改變有重大的意義。

2.自主的組織與行政

特許學校的組織與行政型態因各州特許學校法的不同，但就特許學校的創設精神以及美國聯邦特許學校法的精神而言，特許學校由教師(居多數)與家長共同組成自治團體(如審議委員會)，共同選出召集人，依法自主決定課程、教學、人事以及經費等事項。

3.課程與教學之改進

多數特許學校可以自行開發課程並進行教學方法的實驗。部分學校以提高學習暫時落後學生的學習效果為課程設計的重點；有的學校與鄰近大學合作，全面提升學生學習成就；有的學校以

提高弱勢族群學習成就為訴求；還有的學校以塑造活潑、祥和、溫馨的學習環境為目標。無論採用何種方式，其課程與教學的設計均以改進現狀為最終目的。

4.完全執行績效評估

特許學校因為獲得政府特許某種程度的自主權，因此必須為改進學生學習現狀負責。大多數的特許學校與政府簽訂三至五年的契約，是否續約完全以學生的學習表現為依據，所以特許學校必須明確訂定學生的學習目標，以及評鑑學生學習成果的具體標準，以作為政府評估績效的依據。

5.經費來源比照公立學校

大多數特許學校的經費與一般公立學校無異，是以學生數為基準，經費的主要來源為地方學區每年的經費預算。有的學校可以爭取到州政府或聯邦政府開辦或實驗補助費用，或是基金會等其它機構的贊助。

6.學生來源比照公立學校

大多數特許學校學生來源與一般公立學校一樣，不做特別的限制，學生人數以及班級編制也與一般公立學校無異。

肆 ▷► 特許學校的實施取向

美國特許學校成立時間尚短，各州贊成、反對意見也不一致，但是美國追求多元、彈性的學校體系，與激勵教育革新的基調顯露無遺。綜觀其發展緣起與各州實施情形，獲致以下六項結論：

1.特許學校起於教師及家長對美國公立學校的不滿

教師團體有鑑於公立學校處處受到官僚體制的約束，無法發揮教育專業力量，以改進學校現狀，因此，提出特許學校的訴求，希望透過免除官僚體制，由教師依專業能力進行教學革新，並提高學校經營績效。經過支持者的持續倡議，各州相繼立法，迄今已有三十個州訂定特許學校法，推動特許學校。

2.特許學校的設立與經營以法律為後盾

各州為符合大眾的需求，大多數以訂定專法的方式，將特許學校納入正式的學制系統，並明定允許設立的數量、申請資格、申請程序、經營模式以及績效的考核等。有意經營特許學校者，只要依據各州特許學校法的規定程序提出申請，經核准之後，即可依法經營，免除一般公立學校科層體制的限制，以及不當的外來壓力。

3.特許學校之確切經營模式因州而異

在已經正式訂頒特許學校法的三十個州當中，由於各州民眾對於特許學校的贊成、反對意見不一，因此，推動特許學校的態度也大不相同。其中有二十個州的特許學校法對於特許學校的數量限制，申請人的資格限制，申請程序的規定，以及容許自主經營的程度等方面的規定較為寬鬆，對於推動特許學校有正面的激勵作用，因此也被評為「進步」的法。另外十個州在以上規定相對較為嚴格，因此被評為「死法」，聊備一格(The Center for Education Reform, 1998b)。

4.特許學校強調學校自主經營

雖然各州對於特許學校經營模式的規定不盡相同，但是容許特許學校自主經營，免除例行性教育行政規範，以刺激教學革新、提升學校經營績效，為大多數州共同追求的目標。因此，多數的特許學校可以成立自治團體，依據辦學理念自主經營學校，而以雙方契約約定的最終目標作為約束的依據。

5.在訂有特許學校法的州，超過半數授予特許學校相當的人事、經費及州與地方教育法令的豁免權

在訂頒特許學校法的三十個州當中，從法的內容來分析，有十個州非常積極地推動特許學校，有十個州並不十分積極，另外的十個州介於兩者之間，最積極的是亞利桑納州，最不積極的是密西西比州。進一步分析發現，其中有超過半數的州相當明確地

授予特許學校相當的人事處理權、經費籌措及運用權，以及免於州與地方教育法令約束的特權(The Center for Education Reform, 1998a)。美國聯邦政府一九九八年訂頒聯邦特許學校法之後，預計會有更多的州陸續訂定特許學校法，或調整現行特許學校法，使其更具積極的意義。

6.特許學校落實教師專業自主權與家長選擇權

特許學校以尊重教師專業自主權為出發點，目的在透過學校組織型態的變革，以充分激發教師的專業能力，發展有特色的學校、提高學校教育效果、建立優質學校。此種具有辦學特色優質學校的存在，使家長及學生有更多「真正選擇」的機會，而不是用逃避來作選擇(American Federation of Teachers, 1996)。

伍 ▷► 對我國教育的啓示

美國的特許學校一方面具備公立學校公平、公正、低學費的優點，另一方面又有私立學校重視經營績效的優點，同時也可以激發各種創新的教育實驗，並且可以透過競爭壓力，刺激一般公立學校提升學校經營及教學品質，因此，已成為美國新世紀學校的另一種典型。此種型態的學校的功能，與我國此刻正努力提升教育品質的方向是一致的，因此甚值得參考。以下提出五項建議以供教育行政單位決策參考：

1.容許另類學校的存在,加速學校教育革新

我國學制向來採取「高等教育從寬、初等教育從嚴」的教育政策,因此對於國民教育階段的學制變更較為保守,其目的固在確保國民教育的基本權益,但也因此而造成缺乏創新的動力。從以上得知,美國以多元開放的政策容許另類學校的創設,以刺激學校教育革新,其成效世所共睹,也符合「自願革新」的學習型組織理論,因此,容許並協助另類學校的創設與發展是值得政府考慮的教育政策。

2.特許學校是值得政府考慮推動的一種另類學校

美國特許學校是因為教師、家長以及社會大眾等不滿公立學校表現而呼籲創設的,希望在現行體制下找出另一個教育革新的途徑。此一途徑不僅不需政府另外投資更多的資源,即可充分運用教師的專業能力,並可結合民間的力量,且有具體的制衡機制,因此最符合現階段我國政府財源政策及教育改革的國情需要。

3.容許特許學校人事、經費的自主權,並免除例行性教育行政規定的約束

特許學校的特色在於免除科層體制的管制,以換取學校規畫及推動教育革新的自主權,另以契約行為課以績效責任。雖然各州對於特許學校自主權限的規定不一,但是從美國多數特許學校擁有相當程度的人事、經費自主權,以及可以免除一般教育行政

法規限制的事實來看，我國如果實施特許學校制度，允宜特許人事、經費及運作的自主權。

4.特許學校的經營模式應因地制宜

美國特許學校有完全由教師自主經營者，有的容許家長參與經營，有的進一步與大學或研究機構共同合作經營，另外約有十分之一的學校由營利公司參與營運(Schnaiberg, 1997)。不同的經營模式，各有其利弊，如小型學校完全由教師經營是可行的，但是如果學校規模較大，則教師恐無法勝任。家長參與可以充分運用社會資源，而與大學或研究機構合作可以達到事半功倍的效果。至於中大型學校宜由公司參與經營。

5.特許學校的開創有賴政府法律的支持與推動

美國特許學校的蓬勃發展，除了符應社會需求之外，更重要的是聯邦政府以及各州訂定特許學校法的支持與推動。我國現行各類教育革新方案或實驗方案，多數以行政命令為依據，因此，常因人事變動而半途而廢，或因外力的不當干預而扭曲變形，甚或新政與先前教育政策相互背離(林天祐，民 86；林天祐、虞志長、張志毓、余瑞陽、邱春堂、楊士賢，民 85)。我國如要允許另類學校的存在以加速教育革新，應訂定或修正相關法律，作為持續推動的後盾，並由地方政府視實際需要辦理。

參考文獻

吳清山、林天祐(民 87)。特許學校。**教育資料與研究,** *22*,73。

林天祐(民 86)。**教育政策執行的變異現象研究**。高雄市:復文。

林天祐、虞志長、張志毓、余瑞陽、邱春堂、楊士賢(民 85)。教育政策形成及制定過程之分析。*初等教育學刊,5,*1-40。

American Federation of Teachers (1996). *Charter school Laws: Do they masure up?* (Executive summary) [On-line]. Available http://www.aft.org/ edissues/ chartrep.htm

Clinchy, E. (1994). Rescuing the disaffected and the ignored: Two Massachusetts charter schools succeed where other schools have failed. New School, *New Communities, 11*(1), 26-31.

Geske, T. G. (1997). Charter schools: A viable public school choice option? *Economics of Education Review, 16*(1), 15-23.

Medler, A. (1997). Charter schools are here to stay. *Principal,   76*(4), 16-17, 19.

Minnesota University, Center for Applied Research and Educational Improvement (1997). *A study of charter schools: First-year report.* Emeryville, CA: RPP International.

Nathan, J. (1997). *Charter schools: Creating hope and opportunity for American education.* San Francisco: Jossey-Bass.

NCREL (1993a). *Charter schools: A new breed of public schools* [On-line]. Available http://www.ncrel.org/ ncrel/sdrs/areas/   issues/

envrnmnt/93-2caut.htm

NCREL (1993b). *Charter schools: A new breed of public schools* [On-line]. Available http://www.ncrel.org/ ncrel/sdrs/areas/ issues/ envrnmnt/93-2what.htm

Perkins-Gough, D. (1997). Charter schools: Whom do they serve, and how well? ERS *Spectrum, 15*(3), 3-9.

Schnaiberg, L. (1997). *Firms hoping to turn profit from charters* [On-line]. Available http://www.edweek.org/htbin/fastweb? getdoc + view4+ew1997+1953+9+wAAA+%26%28

The Center for Education Reform (1998a). *Charter school legislation: Profile of Minnesota's Charter School Law* [On-line]. Available http:// edreform.com/laws/mines.htm

The Center for Education Reform (1998b). *Charter school legislation: State ranking [On-line].* Available http:// edreform. com/ laws/ranking.htm

Thomas, D., & Borwege, K. (1996). A choice to charter. A charter school prototype. *Phi Delta Kappan, 78*(1), 29-31.

US Charter Schools (1997). *Overview of charter schools* [On-line]. Available Http://www.uscharterschools.org/gen_info/ gi_main. htm

US Department of Education (1998). *President Clinton's call to action for American Education in the 21st century: Ensuring educational Excellence in 1998 and beyond* [On-line]. Available http://www.ed.gov/initiatives.htm

Wohlstetter, P., & Griffin, N. C. (1997). First lessons: Charter school as learning communities. *CPRE Policy Briefs, RB-22*, 1.

他山之石——美國特許學校的理念與實施

壹 ▷► 前言

　　八十八年二月三日總統公布之國民教育法增訂及修正條文，一改過去政府主導經營國民教育之傳統，將國民教育經營主導權從政府及行政人員手中釋放出來，轉交給社會大眾、學生家長以及學校教師。

　　修正條文第四條明定鼓勵私人興辦國民教育，公立國民中小學得委由私人辦理，並可以從事非學校型態之實驗教育，這些規定讓國民中小學得以呈現公立、私立、公辦民營、在家教育等多樣化學習型態之教育面貌。

　　增訂第八條之二規定國民中小學教科圖書由專家學者、教育行政機關代表以及教師代表負責審定，並規定教師代表不得少於三分之一，此舉凸顯教師專業地位受到的肯定，也可預知教師未

來在學校教育方面將扮演更吃重的角色。

修正條文第九條規定國中小學校長經遴選委員會遴選產生，遴選委員中家長會代表之比例不得少於五分之一；修正條文第十條明定校務會議負責議決校務重大事項，校務會議由校長、教師、家長及職工代表組成之。這兩項修正條文增加了家長參與教育決策的管道，家長參與校務將成為一股重要的發展潮流。

國民教育法增訂及修正條文除反映當前國人對於國民教育改革之殷切期盼，也與歐美教育改革潮流相互呼應。美國當前國民教育階段的改革重點，即在提供更多樣化的學校型態使家長有更多為子女選擇教育之機會，提升教師專業能力與專業自主權，以及擴大家長及其它社區人士參與校務之管道。目前正蓬勃發展的特許學校，就是這股改革潮流下的產物。由於美國特許學校的型態與我國現階段國民教育改革理念頗為一致，因此本文特介紹其發展以及實際實施情形，期收「他山之石可以攻錯」之效。

貳 ▷ ► 美國特許學校發展概況

截至一九九八年底美國已從原有三十個州增加為三十四個州(含哥倫比亞特區)通過特許學校法，其中有二十六個州以及哥倫比亞特區已成立特許學校，總計全美現有特許學校 1,128 所，學生總共約 250,000 人，另外 157 所特許學校已獲准籌設(參閱表一)。

表一　全美各州特許學校現有校數及籌設中校數概況

州　　　名	現有校數	籌設校數	州　　　名	現有校數	籌設校數
Alaska	17	1	Michigan	139	13
Arizona	271	0	Minnesota	35	2
California	156	0	Mississippi	1	0
Colorado	61	0	Nevada	1	0
Connecticut	16	1	New Hampshire	0	1
Delaware	4	6	New Jersey	30	8
District of Columbia	19	3	New Mexico	5	0
Florida	75	7	North Carolina	59	5
Georgia	27	1	Ohio	15	0
Hawaii	2	0	Pennsylvania	31	4
Idaho	0	1	Rhode Island	2	0
Illinois	14	6	South Carolina	5	0
Kansas	15	0	South Carolina	6	86
Louisiana	10	3	Utah	0	2
Massachusetts	34	3	Wisconsin	24	4

資料來源：Charter School Legislation: State Rankings, by The Center for Education Reform, 1998a, Available
http://edreform.com/laws/lawrank.htm

　　三十四個州當中的二十二個州對於特許學校設立採開放的態度，其餘十四個州則採管制的態度。開放取向的州依據開放程度之高低依序為 Arizona、California、Colorado、Connecticut、Delaware、District of Columbia、Florida、Illinois、Louisiana、Massachusetts、Michigan、Minnesota、Missouri、New Hampshire、New Jersey、North Carolina、Ohio、Pennsylvania、South Carolina、Texas、Utah、Wisconsin 等地區。管制取向的州依據管制程

度高低依序為 Wyoming 、Virginia、Rhode Island、New Mexico、Nevada、Mississippi、Kansas、Idaho、Hawaii、Georgia、Arkansas、Alaska 等地區。

比較開放的州傾向於(1)不限制特許學校數，(2)授權地方教育委員會以外之單位(如州教育委員會或其它新設之委員會)審議特許學校之籌設申請，(3)容許教師、家長、一般市民、非營利機構或營利機構申請籌設，(4)同時允許現有公立學校改制或新設特許學校，(5)申請計畫獲得多數教師及家長聯名支持即可提出申請，(6)免除州政府以及地方學區教育法令之限制，(7)授予特許學校自定行政管理型態，(8)依照公立學校的標準由政府編列預算支應特許學校，(9)給予特許學校經費自主權，(10)給予特許學校人事自主權。至於管制取向的州不論在校數、申請程序、經費預算以及經營管理等方面，都有比較大的限制(The Center for Education Reform, 1998a)。

特許學校平均每校約一百餘名學生，大部分學校從事中輟學生及問題青少年教學實驗，少部分從事資優兒童教學實驗。大多數特許學校是新設的學校，少部分是由現有公立學校改制而成，也有部分是由私立學校轉型而來。由州政府撥款設立以及由地方教育委員會撥款設立的特許學校各約佔四成，其餘兩成由大學規畫設置(王萍，民 88)。

大多數申請設立特許學校的主要目的在於實現本身的教育理想，其次是為了爭取專業自主權，其它目的包括服務特殊學生、增加家長參與、吸引學生就學等。家長選擇子女就讀特許學校的主要原因是規模小、安全、人性化的學習環境，以及高品質、彈

性化、高參與的學習內容。雖然仍無法推論特許學校學生學習成果是否比一般公立學校學生為佳，但是目前的研究發現大多數特許學校的學生，不論在學業成就以及學習態度與行為方面都有優異的表現(U.S. Department of Education, 1998)。

參▷► 亞利桑納州、紐澤西州、密西西比 州實施情形

亞利桑納州(Arizona)是全美最認同特許學校的州之一，該州在一九九四年通過特許學校法之後，成立相關組織積極推動特許學校。依據特許學校法之規定，地方教育委員會、州教育委員會以及新成立的州特許學校委員會均可審議特許學校之申請，其中州教育委員會以及州特許學校委員會每年可核准二十五所特許學校，至於地方教育委員會則無校數的限制。無論是政府單位、私人或私人機關均可擬具計畫申請設立特許學校，無需任何人或單位之連署支持，申請設立的學校型態可由公立學校改制、或由私立學校轉型、或新設立一所學校，但不得採在家自行教育的型態。經核准設立之後，有效期限為十五年。在有效合約期間，由學校成立自治團體自主經營，而且不受現行州政府以及地方學區例行教育法規之限制，但學校自治團體之議決必須符合公開原則。學區及州政府提供學生交通服務，並提供學校必要的支援。特許學校每年除了必須向州教育廳及家長提出年度成果報告之外，並須接受一年一度的成果審查。特許學校的經常費用均由政

府支付，由地方學區核准者由學區決定其預算額度，由州政府核准設立者均比照一般公立學校的預算額度辦理，州政府並交互運用一百萬之基金以及聯邦政府特許學校基金補助學校開辦費用。特許學校對於經費的運用充分享有自主權。擔任特許學校教學工作之教師不必具備合格教師資格，但可以選擇是否保留一般教師享有之集體協商權，或成為特許學校之一員或以獨立工作者之身份保障其協商權，並享有三年休假及退休福利。全州之適齡學童均可就讀任一特許學校，除由地方學區資助之特許學校以學區內學生為優先外，均不得設限，如就讀人數超過容納範圍時，由抽籤決定之。特許學校學生就讀期間必須定期參加全州及全國性之成就測驗(請參閱：The Center for Education Reform, 1998b)。

紐澤西州(New Jersey)在推動特許學校上介於開放與管制之間，屬於中庸策略。該州於一九九六年通過特許學校法，規定立法四年內允許設立一百三十五所特許學校。依據特許學校法之規定，學區內教師／家長、大學、或教師／家長團體，均可向學區教育委員會提出申請轉呈州教育廳核准後設置，學區教育委員會有建議權，但最後的決定權在於州教育廳長。特許學校可由公立學校改制，也可以新設學校為之，但私立學校比及在家自行教育之單位不得申請轉型為特許學校。如要由公立學校改制為特許學校必須獲得全校51%的教師以及51%的家長之同意。核准設立之特許學校，有效期限四年，期間由學校成立自治團體(私校為原董事會)自主經營，但除經州政府特許，仍須遵照州以及學區相關教育法令之約束。特許學校雖然不得直接由營利單位經營，但可以與營利單位進行合作。依規定特許學校每年必須向家長、學區教

育委員會、教育局長以及州教育廳長提出成效報告。州政府及學區依據學生單位預算基準，提供特許學校 90%的經費預算，雖然沒有成立州教育基金，但是聯邦特許學校教育基金可以補助必要的開辦費用，基本上，學校對於經費的運用享有自主權。必須具備教師資格者，方能擔任教學工作，其中由公立學校改制者，教師之協商權與一般公立學校一致，新設之特許學校教師，可以選擇是否保留一般教師享有之集體協商權，或成為特許學校之一員或以獨立工作者之身份保障其協商權，所有教師均享有退休福利。全州的學齡兒童均可以選擇就讀特許學校，但以學區學齡兒童及學校學生之兄弟姐妹為優先入學對象。就讀學生超過學校容納範圍時，依抽籤方式決定之。學區提供學生交通服務。此外，紐澤西州並鼓勵都會區的學校與當地高等教育機構合作設立特許學校，以改進都會兒童與青少年學習問題，同時也要求特許學校盡量融合不同種族以及不同學業成就之學生。特許學校學生依規定必須定期參加全州之教育成就測驗。此外，新設之特許學校最多只能佔當地學區學齡兒童人數之四分之一，但最多以五百位學生為限(The Center for Education Reform, 1998c)。

　　密西西比州(Mississippi)對於特許學校的設立採用管制的策略，該州甫於一九九七年通過特許學校法，規定全州僅允許設立六所特許學校。目前僅容許由公立學校申請改制為特許學校，經全校多數教職員及家長同意之後，學校可以向學區教育委員會提出申請核轉州教育委員會核准後改制，有效期限四年。特許學校大部分都可以免受州以及學區例行教育法令之限制，但本身並沒有另外設置自治團體，由原學校行政組織經營，每年也必須向學

他山之石——美國特許學校的理念與實施　297

區教育委員會、社區、家長以及州教育委員會提出成果報告。經費來源以及運用與一般公立學校無異，均受學區教育委員會之節制。教師資格、權利與義務、以及福利均與一般公立學校一樣。特許學校之學生與一般公立學校一樣，以學區學齡兒童及教職員子女就學為主，學生也必須依規定參加全州學習成就測驗(The Center for Education Reform, 1998d)。

肆▷► 美國紐澤西州 The Greater Bruns-wick 特許學校實例

位於紐澤西州的 The Greater Brunswick 特許學校於一九九八年創設，該校是由一群具有相同理念的教師及家長共同發起，經州教育廳核准設立的新設學校。這群教師及家長的以建構主義的兒童自主學習、Howard Gardner 的多元智慧理論、蒙特梭里教學模式、混齡兒童學習，以及家長與社區的投入為出發點，發展出該校創校三大理念：(1)兒童自主學習；(2)學生、教職員、家長／資助者成為一個學習型社群；(3)培養公民、社區意識以及民主素養。學校教育目標因此在於：(1)引導兒童智能發展，(2)啟發兒童情緒能力成長，(3)培養社區關係與公民責任。

學生的所有學習過程兼顧個性與群性，因此課程組織兼具結構性的課程與彈性的課程，並以學習過程以及基本能力的獲得為學習的重心。課程設計以學童興趣、社群需求、教師意見以及州政府課程標準為依據。每一位學生將依據其興趣、需要以及學習

方式，建立個人教育計畫，但是所有學生的最終學習目標都是一致的，即在：⑴培養自主學習的能力，以及⑵充分發展學童的潛能。

學習評量強調動態評量的概念，隨著學生的成長而改變。評量的過程同時強調學生如何學習以及學習到什麼，並與學生自己比較進步的情形。學生學習成效的評量方式包括學習卷宗、教師記錄、平時測驗、學生學習日誌、學生實作或表演以及標準化測驗，至於具體的評量方式充分授權教師來規畫。

教師與行政人員的績效評鑑以學生學習成就為依據，學生在標準化測驗成績的表現是用來衡量辦學績效的效標之一。同時也依據學校教育目標建立具體的績效評量標準，作為自評以及他評的參照標準，並發展成為學校自我改進系統。

該校特別強調家長的參與，並認為家長參與學校經營是決定學校是否成功的關鍵。學校強烈主張小班制，以建立學生社區觀、同理心以及信賴感為班級學習的第一要務。家長的誠摯參與以及付出，才可以完全達成上述的班級學習任務。

當然，家長所需付出的時間與工作量必須審慎評估，以便合理可行。

學校由董事會負責經營，董事會由全校教職員、家長及學生代表組成之校務委員會票選出來的家長組成。董事會之下設置顧問委員會以及審議委員會，顧問委員會由社區代表、專家及學者組成，主要職責在確保學校教育目標的達成，審議委員會由學有專精之教職員以及家長組成，負責執行計畫及課程發展事宜。審議委員會的設置讓教育專業人員在學校經營團隊中，佔有一席之

地。

　　該校共有學生一百人，包括五歲至十二歲之學齡兒童，開辦經費總計美金 825,000 元，其中 90%由州政府及學區支付，其餘 10%自籌(重要計畫內容請參閱附錄)。

伍 ▷► 結語

　　美國特許學校是介於公立學校與私立學校之間的一種另類學校，其目的在於探索改進美國現行學校教育系統之可行途徑，並提供家長多元選擇之機會，以保障學生學習權。特許學校的經營主要由家長及教師主導，不論在一般行政運作、人事、經費、課程與教學等均享有相當大的自主權，也必須自己擔負績效責任。未來我國可參考美國特許學校之精神，研訂相關具體做法，以積極推動國民教育之改革。

參考文獻

王萍(民 88)。美國特許學校及其在我國設立可行性研究。台北市
　　立師範學院國民教育研究所碩士論文計畫。未出版。

The Center for Education Reform (1998a). *Charter school legisla-
　　tion: State rankings* [On-line]. Available http://edreform.　com/
　　laws/lawrank.htm

The Center for Education Reform (1998b). *Charter school legisla-
　　tion: Profile of Arizona's Charter School Law* [On-line].　Avail-
　　able http://edreform.com/laws/Arizona.htm

The Center for Education Reform (1998c). *Charter school legisla-
　　tion: Profile of New Jersey's Charter School Law* [On-　line].
　　Available http://edreform.com/laws/NewJersey.htm

The Center for Education Reform (1998d). *Charter school legisla-
　　tion: Profile of Mississsippi's Charter School Law* [On-　line].
　　Available http://edreform.com/laws/Mississippi.htm

The Greater Brunswick Charter School Web-site (1998). *The Greater
　　Brunswick Charter School :1997 New Jersey Charter School
　　Application* [On-line]. Available: http://aesop.rutgers.　edu/har-
　　ter/applicat.htm

U. S. Department of Education (1998). *A national study of charter
　　school: Second-year report* [On-line]. Available http://www.
　　uscharterschools.org/res_dir/ res_2year _exec.htm

附　錄

美國紐澤西州 The Greater Brunswick 特許學校設校計畫(摘要)

教育計畫

辦學理念

—兒童自主學習。

—學生、教職員、家長／資助者形成學習型社群。

—培養公民、社區意識以及民主素養。

學校特色

—採用建構式學習。

—進行課程統整。

—學生自治。

—家長與其它社區人士之參與。

—與大學及研究機構合作。

—採用學生個別教育方案以及混齡學習。

教育目標

—引導兒童智能發展。

—啓發兒童情緒能力成長。

—培養社區關係與公民責任。

發起人個人簡介
相關社會資源
學校組織

—校務委員會：全校教職員、家長、學生及教育局代表組成，負責學校重要決策事宜。

—董事會：由校務委員會直接選出十一位家長擔任董事組成之，全權負責學校之人事、經費及經營管理事宜。

—顧問委員會：由董事會聘請專家學者、家長及其它社區人士組成之，負責研究發展事宜。

—審議委員會：由校務委員會選出學有專精之家長及教師組成之，負責計畫之執行及課程發展事宜。

—申訴委員會：由校務委員會選出教師及家長代表組成之，負責教職員生申訴事宜。

招生計畫

—招收學生數及年齡：第一年招收五十五名 K～2 年級，三十名 3～4 年級，十五名 5～6 年級學生，第二年以後每年增加三十名學生，包括二十名幼稚園階段之學生，以及十

名其它學齡階段之學生，總學生數以一百九十人爲限。

—入學資格：全州學齡兒童均可登記入學，但以學區內的學齡兒童爲優先，登記人數超過名額時以抽籤決定之。

—入學程序：家長必須全程參加登記說明會以及註冊說明會之後才算完成入學程序。登記說明會中學校向家長說明學校的教育理念及政策；註冊說明會中家長必須填寫報名表並登記參與抽籤。抽籤時以學區學童優先，如有缺額再抽學區以外之學童。

教育設計

—設班計畫：第一年開設 K～6 年級，第二年 K～7 年級，第三年 K～8 年級，第四年 K～9 年級。

—作息：正課時間從上午 8:30 到下午 2:30，另外上午 7:30 到 8:30 實施課輔活動，下午 3:00 到 6:00 實施個別指導、課外活動以及課輔活動。正課時間主要包括個別學習以及團體學習兩部分，其餘還有體育、午餐以及省思活動。

—學習內容：學習內容由教師、家長及學生共同設計，包括個別學習、合作學習。教師採用混齡教學以及協同教學方式進行，以主題統整以及方案教學爲主軸，協助學生進行自主及統整學習。

學習評量

—評量方式：包括學習卷宗(以語文學習爲主)、教師觀察記錄、平時測驗、學生學習日誌、實作表現、同儕評量等。

—評量設計：由各年段教師在學期前完成評量方式之設計，並經全校教師共同討論。

特殊學生教學設計
訓育規定
行政人員

—包括主任、行政助理、兼任護士、社工人員、特殊教師等，以及專任教師、助理，另外還有社區人士。

師生比例

—每班學生二十人，師生比例約 1：10，每十位教師增設主任及兼任職員、義工各一人。
—教師薪水：依據教師學歷、年資以及專長而定，分為三級，薪資與一般公立學校一樣。

家長參與

—參與學生學習活動
—參與學校校務運作

績效評鑑

—評鑑規畫：由董事會策畫實施，每年實施兩次，了解學校教育目標達成情形。
—自我評鑑：由學校各單位代表組成評鑑小組實施自我評鑑。

—專家評鑑：將自我評鑑結果送請專家審查並提供改進建議。

預算計畫

經費收入

開辦經費

經費支出

—人事費

—業務費

—設備費

永然法律事務所聲明啟事

　　本法律事務所受心理出版社之委任爲常年法律顧問，就其所出版之系列著作物，代表聲明均係受合法權益之保障，他人若未經該出版社之同意，逕以不法行爲侵害著作權者，本所當依法追究，俾維護其權益，特此聲明。

永然法律事務所　　

李永然律師

教育願景 2

教育行政革新

作　　　者：林天祐
執 行 編 輯：鄭裴雯
執 行 主 編：張毓如
總 　編 　輯：吳道愉
發 　行 　人：邱維城
出 　版 　者：心理出版社股份有限公司
社　　　址：台北市和平東路二段 163 號 4 樓
總　　　機：(02) 27069505
傳　　　眞：(02) 23254014
郵　　　撥：19293172
　E-mail　：psychoco@ms15.hinet.net
駐美代表：Lisa Wu
　　Tel　：973 546-5845　　Fax：973 546-7651
法律顧問：李永然
登 　記 　證：局版北市業字第 1372 號
印 　刷 　者：翔勝印刷有限公司
初版一刷：2000 年 1 月

ISBN 957-702 360-6

國家圖書館出版品預行編目資料

教育行政革新／林天祐著
　--初版.--臺北市：心理，　2000 [民 89]
　面；　公分.

ISBN 957—702—360—6 (平裝)

1.教育-論文,講詞等 2.教育改革-論文,講詞等

520　　　　　　　　　　　　　　　　89000698

讀者意見回函卡

No. _____　　　　　　　　　　填寫日期：　年　月　日

感謝您購買本公司出版品。為提升我們的服務品質，請惠填以下資料寄回本社【或傳真(02)2325-4014】提供我們出書、修訂及辦活動之參考。您將不定期收到本公司最新出版及活動訊息。謝謝您！

姓名：_____　　性別：1□男 2□女
職業：1□教師 2□學生 3□上班族 4□家庭主婦 5□自由業 6□其他_____
學歷：1□博士 2□碩士 3□大學 4□專科 5□高中 6□國中 7□國中以下

服務單位：_____　部門：_____　職稱：_____

服務地址：_____　電話：_____　傳真：_____

住家地址：_____　電話：_____　傳真：_____

電子郵件地址：_____

書名：_____

一、您認為本書的優點：（可複選）

　❶□內容 ❷□文筆 ❸□校對 ❹□編排 ❺□封面 ❻□其他_____

二、您認為本書需再加強的地方：（可複選）

　❶□內容 ❷□文筆 ❸□校對 ❹□編排 ❺□封面 ❻□其他_____

三、您購買本書的消息來源：（請單選）

　❶□本公司 ❷□逛書局⇨_____書局 ❸□老師或親友介紹

　❹□書展⇨____書展 ❺□心理心雜誌 ❻□書評 ❼□其他_____

四、您希望我們舉辦何種活動：（可複選）

　❶□作者演講 ❷□研習會 ❸□研討會 ❹□書展 ❺□其他_____

五、您購買本書的原因：（可複選）

　❶□對主題感興趣 ❷□上課教材⇨課程名稱_____

　❸□舉辦活動 ❹□其他_____　　（請翻頁繼續）

心理出版社 股份有限公司

台北市 106 和平東路二段 163 號 4 樓

TEL:(02)2706-9505
FAX:(02)2325-4014
EMAIL:psychoco@ms15.hinet.net

沿線對折訂好後寄回

六、您希望我們多出版何種類型的書籍

　❶□心理❷□輔導❸□教育❹□社工❺□測驗❻□其他

七、如果您是老師，是否有撰寫教科書的計劃：□有□無

　書名/課程：＿＿＿＿＿＿＿＿＿＿＿＿＿＿＿＿＿＿＿

八、您教授/修習的課程：

上學期：＿＿＿＿＿＿＿＿＿＿＿＿＿＿＿＿＿＿＿＿＿＿

下學期：＿＿＿＿＿＿＿＿＿＿＿＿＿＿＿＿＿＿＿＿＿＿

進修班：＿＿＿＿＿＿＿＿＿＿＿＿＿＿＿＿＿＿＿＿＿＿

暑　假：＿＿＿＿＿＿＿＿＿＿＿＿＿＿＿＿＿＿＿＿＿＿

寒　假：＿＿＿＿＿＿＿＿＿＿＿＿＿＿＿＿＿＿＿＿＿＿

學分班：＿＿＿＿＿＿＿＿＿＿＿＿＿＿＿＿＿＿＿＿＿＿

九、您的其他意見

謝謝您的指教！　　　　　　　　　　　　　　C1055